Photograph by Richard H. Smith, 1938 / Photographie de Richard H. Smith, 1938

THE TURNING POINT
THE DEICHMANN POTTERY, 1935 - 1963

LE TOURNANT
LA POTERIE DEICHMANN, 1935 - 1963

STEPHEN INGLIS

CANADIAN MUSEUM OF CIVILIZATION / MUSÉE CANADIEN DES CIVILISATIONS

The Turning Point
The Deichmann Pottery, 1935 – 1963

Pegi Nicol MacLeod, 1904-1949
The Studio c. 1945 (Erica, Kjeld,
Henrik, Beth and Anneke
Deichmann and Jane MacLeod)
Oil on plywood
Lent by Erica Deichmann-Gregg

Pegi Nicol MacLeod, 1904-1949
Le studio v. 1945 (Erica, Kjeld,
Henrik, Beth et Anneke
Deichmann et Jane MacLeod)
Huile sur contre-plaqué
Prêt d'Erica Deichmann-Gregg

*The work of the two potters is so
interwoven that it is difficult to
speak of them separately, for they
are interdependent to a degree.
Usually they discuss the output for
the day, and they work together in
the corner where the throwing
wheel stands. Kjeld's strong artistic
hands shape the plates, bowls,
tankards and jars on the wheel,
which he spins with a sandalled
foot. The glazes are Erica's intense
interest, and she mixes all of them.*
  Lyn Harrington, National
  Home Monthly, 1948

*Le travail des deux potiers est si
étroitement lié qu'il est difficile de
parler d'eux séparément; ils sont
vraiment interdépendants. Habituellement, ils discutent de la production de la journée et ils travaillent ensemble dans le coin où se
trouve le tour. Les fortes mains
d'artiste de Kjeld façonnent les assiettes, les bols, les chopes et les pots
au tour, qu'il actionne de son pied
chaussé d'une sandale. Erica se
passionne pour les glaçures, et elle
les mélange toutes elle-même.*
  Lyn Harrington, National
  Home Monthly, 1948

Credits

MANAGING EDITOR:
Julie Swettenham

ENGLISH EDITOR:
Julie Swettenham

FRENCH EDITOR:
Madeleine Choquette

DESIGNED BY:
Purich Design Studio

PRODUCTION OFFICER:
Deborah Brownrigg

COVER ILLUSTRATION/
PHOTOGRAPHS:
The collection was photo-
graphed by Clive Cretney.

Unless otherwise credited,
all historical photographs
appear courtesy of
Erica Deichmann-Gregg.

Collaborateurs

COORDINATION :
Julie Swettenham

RÉVISION ANGLAISE :
Julie Swettenham

RÉVISION FRANÇAISE :
Madeleine Choquette

CONCEPTION GRAPHIQUE :
Purich Design Studio

PRODUCTION :
Deborah Brownrigg

ILLUSTRATION DE LA
COUVERTURE/PHOTOGRAPHIES :
Les œuvres de la collection
ont été photographiées par
Clive Cretney.

Sauf indication contraire,
toutes les photographies
historiques sont reproduites
avec l'aimable autorisation
d'Erica Deichmann-Gregg.

CANADIAN CATALOGUING IN PUBLICATION DATA

Canadian Museum of Civilization
The turning point: the Deichmann pottery, 1935-1963
Le tournant: la poterie Deichmann, 1935-1963

DONNÉES DE CATALOGAGE AVANT PUBLICATION (CANADA)

Musée canadien des civilisations
The turning point: the Deichmann pottery, 1935-1963
Le tournant: la poterie Deichmann, 1935-1963

Text in English and French.
Includes bibliographical references.
ISBN 0-660-50298-4
DSS cat. no. NM98-3/69-1991
1. Deichmann, Kjeld, 1900-1963 — Exhibitions.
2. Deichmann, Erica, 1913-   . — Exhibitions.
3. Potters — Canada — Pictorial works — Catalogs.
4. Pottery — 20th century — Canada — Pictorial works — Catalogs.
I. Inglis, Stephen Robert, 1949-   . II. Title. III. Title: Le tournant, la poterie Deichmann, 1935-1963.
NK4210.C36 1991 738'.092 C91-098613-4E

Published by the
Canadian Museum of Civilization
100 Laurier Street
P.O. Box 3100, Station B
Hull, Quebec
J8X 4H2

Printed in Canada

Texte en anglais et en français.
Comprend des références bibliographiques.
ISBN 0-660-50298-4
Nº de cat. MAS NM98-3/69-1991
1. Deichmann, Kjeld, 1900-1963 — Expositions.
2. Deichmann, Erica, 1913-   . — Expositions.
1. Céramistes — Canada — Ouvrages illustrés — Catalogues.
2. Céramique — 20e siècle — Canada — Ouvrages illustrés — Catalogues.
I. Inglis, Stephen Robert, 1949-   . II. Titre. III. Titre: Le tournant, la poterie Deichmann, 1935-1963.
NK4210.C36 1991 738'.092 C91-098613-4F

Publié par le
Musée canadien des civilisations
100, rue Laurier
C.P. 3100, Succursale B
Hull (Québec)
J8X 4H2

Imprimé et relié au Canada

Canadä

Table of Contents / Table des matières

Kjeld and Erica Deichmann Remembered

There were not many artists in rural New Brunswick in the 1930s and fewer still who worked with clay and colour and fire. Kjeld and Erica Deichmann were exceptions, and when I was twelve or so they sparked my interest and that of many others in the beauty of form and design.

These newcomers to Canada were generous about teaching people about their craft. Their skills formed part of an artistic renaissance in New Brunswick. Local people began to be proud of the Deichmanns, especially when they started winning awards for the excellence of their craft. But doesn't that happen all too often to artists, musicians and writers in Canada? We wait for the imprimatur of offshore critics before deciding that what we do here is pretty good after all.

Kjeld and Erica Deichmann flattered us by remaining among us: as good neighbours, good citizens, good people and, in every sense, pioneers in making beautiful things out of clay.

GORDON FAIRWEATHER
Chairman
Immigration and Refugee Board of Canada

*(Message read at the opening of the exhibiton, **The Turning Point: The Deichmann Pottery, 1935-1963**, Wednesday, January 16, 1991)*

Hommage à Kjeld et Erica Deichmann

Les artistes étaient peu nombreux dans les campagnes du Nouveau-Brunswick au cours des années 30. Moins encore y travaillaient l'argile, la couleur et le feu. Kjeld et Erica Deichmann faisaient exception, et lorsque j'avais une douzaine d'années, ils éveillèrent, chez moi et chez beaucoup d'autres, un intérêt pour la beauté de la forme et du design.

Généreux dans l'enseignement de leurs techniques, ces Néo-Canadiens ont contribué à une renaissance des arts au Nouveau-Brunswick. Ils ont fait la fierté de leur région, en particulier à partir du moment où ils ont reçu leurs premiers prix d'excellence pour leur travail. Mais cela n'est-il pas trop souvent le sort des artistes, musiciens et écrivains du Canada? Nous attendons le verdict de la critique étrangère pour reconnaître nos talents.

Kjeld et Erica Deichmann nous ont rendu hommage en demeurant chez nous. Bons voisins, respectueux de leurs devoirs civiques, honnêtes gens, ils ont été, dans tous les sens, des pionniers de la céramique d'art.

Le président de la Commission de l'immigration et du statut de réfugié du Canada,
GORDON FAIRWEATHER

*(Allocution prononcée lors de l'ouverture de l'exposition **Le Tournant - La poterie Deichmann, 1935-1963**, le mercredi 16 janvier 1991)*

Foreword

On March 15, 1937, Margaret Smith of the Canadian Guild of Potters in Toronto sent the following letter to Kjeld and Erica Deichmann:

We—the Canadian Guild of Potters, as the group is now called—have been invited to make an exhibit of pottery for Paris, starting on May 1st and running for six months. There is to be a hut of some sort erected and the arts and crafts of Canada will be exhibited within. The pottery will be selected by Dr. Marius Barbeau, a government official from Ottawa, from our Museum display at the end of this month. I shall advise you later how many pieces and what pieces of yours will be sent to Paris.

Best regards to you both and the children.

It seems fitting that the Canadian Museum of Civilization has renewed contact with the Deichmanns fully half a century after one of the founders of the Museum, Dr. Marius Barbeau, selected their work for their first exhibition.

Over the intervening years, Erica and Kjeld Deichmann produced work which, in both quality and sheer volume, may be unequalled by any other pottery studio in Canada. Since the death of Kjeld and the closing of the Deichmann Pottery in 1963, Erica has carefully preserved documentation of their extraordinary careers. Her articles, notes, letters and photographs, as well as her examples of most of the styles of ceramics that made the Deichmanns so well known, are the basis of this catalogue and the exhibition it documents.

It is due to the generosity of Erica Deichmann-Gregg that all the ceramics illustrated in the catalogue are now part of the permanent collections of the Museum. The Deichmann collection represents a critical phase in the evolution of the studio crafts movement in Canada and in the cultural and regional history of twentieth-century Canadian ceramics. It will also delight all who appreciate craftsmanship and creativity.

GEORGE F. MACDONALD
Director
Canadian Museum of Civilization

Préface

Le 15 mars 1937, Margaret Smith, de la Canadian Guild of Potters de Toronto, écrivait ce mot à Kjeld et Erica Deichmann :

Nous – la Canadian Guild of Potters, comme notre groupe se nomme maintenant – avons été invités à organiser une exposition de poterie à Paris qui ouvrira le 1ᵉʳ mai et durera six mois. Une sorte de hutte doit être érigée, à l'intérieur de laquelle on exposera des œuvres d'artisanat du Canada. Les pièces seront choisies par M. Marius Barbeau, un fonctionnaire d'Ottawa, parmi les pièces de l'exposition que nous présenterons au musée à la fin du mois. Je vous indiquerai plus tard combien de vos pièces seront envoyées à Paris, et lesquelles.

Mon meilleur souvenir à vous et à vos enfants.

Il semble dans l'ordre des choses que le Musée canadien des civilisations ait repris contact avec les Deichmann un demi-siècle après qu'un des fondateurs du Musée, Marius Barbeau, ait sélectionné les œuvres de leur première exposition.

Dans l'intervalle, Erica et Kjeld Deichmann ont produit une œuvre d'une qualité et d'une ampleur qu'aucun autre atelier de poterie du Canada n'a peut-être égalées. Depuis la mort de Kjeld et la fermeture de la poterie Deichmann en 1963, Erica a soigneusement conservé des documents sur cette extraordinaire carrière. Ses articles, notes, lettres et photographies, ainsi que ses exemples de la plupart des styles de céramiques qui firent la réputation des Deichmann, ont fourni le matériel documentaire de base pour ce catalogue et l'exposition qu'il accompagne.

Grâce à la générosité d'Erica Deichmann-Gregg, toutes les céramiques reproduites dans le catalogue font aujourd'hui partie de la collection permanente du Musée. La collection Deichmann marque une étape critique dans l'évolution des ateliers d'artisanat au Canada ainsi que dans l'histoire culturelle et régionale de la céramique canadienne du XXᵉ siècle. Elle plaira aussi à tous ceux qui savent apprécier l'adresse et la créativité.

Le directeur du
Musée canadien des civilisations,
GEORGE F. MACDONALD

Acknowledgements

This catalogue is the work of a dedicated team of specialists. Mark Leonard gathered the historical photographs and documents from his base in Fredericton and was the major link with contributors in New Brunswick. He also assisted in every phase of assembling the ceramics collection on which the exhibition is based. Michael Ling did much of the initial analysis and organization of the data, compiled several of the tables and provided liaison betwen various departments in the Museum. Julie Swettenham brought special care to the editing of the English text and Madeleine Choquette to the French. The catalogue was designed by Purich Design Studio with consultation by George Nitefor, the designer of the exhibition. The artifacts were photographed by Clive Cretney.

I owe thanks to Peter Weinrich for organizing my first opportunity to meet Erica Deichmann-Gregg when she travelled to Ottawa to receive the Order of Canada in 1987. The entire project was inspired by the slide lecture on the Deichmanns by Peter Thomas and George Fry, first presented in September 1985.

It is with deep appreciation and gratitude that I acknowledge the cooperation and insight of Erica Deichmann-Gregg. The historical photographs, publications, letters and notes made available to me from her personal collection and from the Deichmann Collection at the Provincial Archives of New Brunswick form the core of this publication. Aside from the substantial contribution she has made to this Museum through her work and her memories, she has touched and inspired each person she has met.

Remerciements

Ce catalogue est le fruit du travail d'une équipe de spécialistes dévoués à leur tâche. À Fredericton, Mark Leonard a réuni les photographies et documents historiques et il a été le principal lien avec tous nos collaborateurs au Nouveau-Brunswick. Il a en outre contribué, à toutes les étapes, à monter la collection de céramiques réunies pour l'exposition. Michael Ling a fait une large partie du travail préparatoire d'analyse et d'organisation des données. Il a dressé plusieurs des tableaux et assuré la liaison entre divers départements du Musée. Julie Swettenham a fait la révision du texte anglais et Madeleine Choquette, la révision du texte français. Purich Design Studio a exécuté la conception graphique du catalogue en consultation avec George Nitefor, concepteur de l'exposition. Les photographies des objets sont de Clive Cretney.

Je tiens à remercier Peter Weinrich qui a organisé ma première rencontre avec Erica Deichmann-Gregg à l'occasion de son séjour à Ottawa où elle venait recevoir l'Ordre du Canada en 1987. L'ensemble du projet a été inspiré par le diaporama sur les Deichmann présenté pour la première fois en septembre 1985 par Peter Thomas et George Fry.

Toute ma gratitude va à Erica Deichmann-Gregg pour sa collaboration et sa perspicacité. C'est grâce aux photographies historiques, publications, lettres et notes provenant de sa collection personnelle et de la collection Deichmann des Archives provinciales du Nouveau-Brunswick que cette publication a pu être réalisée. Outre l'importante contribution qu'elle a apportée au Musée par son œuvre et par ses souvenirs, Erica Deichmann-Gregg a touché tous ceux qui l'ont rencontrée et été pour eux une source d'inspiration.

Essay

It seems to me we are like a company of travellers who have been sailing for a long time on a big sturdy ship, not always in the same direction but tacking back and forth, seemingly, at least, with an ultimate goal in mind. Then suddenly, the big vessel is going to pieces and we find ourselves in a small boat, tossed and buffeted by winds and waves, exposed to all kinds of quick impacts from outside, and not really knowing where we are going.

The only sure thing is we cannot go back—we cannot re-create the atmosphere or even the physical environment of the traditional craftsman.

Kjeld Deichmann (c. 1945)

American Craft magazine recently printed an article which reported a "building boom" which has led to an "explosion of craft activity" in Canada in recent years.[1] The noisy metaphors notwithstanding, this seems to be yet another development of the more genteel reports of the past four or five years which have announced a "new era", a "new respectability" and "a coming of age" of the crafts.[2] This "coming of age" refers to the life of contemporary, fine, designer, or studio crafts whose birth (or rebirth) in Canada is usually traced to the middle of this century.

A "coming of age" usually refers to a maturity and confidence gained through a comprehension of one's situation, a vision of the future based on an understanding of the past. It is therefore curious that the contemporary crafts movement in Canada, while placing so much effort on what appears to be a very bright future, has devoted so little collective energy to documenting the past.

There are some who would argue that this aspect of the past is left well enough alone, after struggling for the better part of two decades to be free of the stigma which in popular consciousness accompanies the word "crafts." It is an ironic twist of fate that the same "counter-culture" force which powered the surge in crafts and craftsmanship in the 1960s left behind it an image for the crafts of amateurism and nostalgia, mugs and macramé, which still leaves many Canadians either uninterested or embarrassed.[3] Yet it is also ironic that this rear-view ambivalence seems to have extended

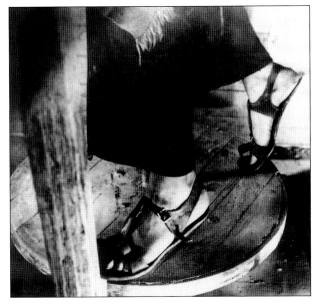

"The Kickwheel"
Photograph by Climo, c. 1938
Courtesy of the Provincial Archives of New Brunswick

«Le tour de potier»
Photographie de Climo, v. 1938
Source : Archives provinciales du Nouveau-Brunswick

until recently to the entire history of the studio crafts movement, even to that rare work which predates the 1960s.[4]

The history of the contemporary crafts must be recorded now, in the more general context of art and of social history, while at least some of the original participants are still living and are able to recount their experiences. This human dimension has become crucial to the study of art, encompassing a knowledge of the artist at work, the object in use and the audience's capacity to experience meaning in objects. An approach that relies exclusively on contemplation and classification of objects and stresses formal analysis, the "grammar" of colour,

line and composition, often overlooks or even obscures the human dynamics. Art is, after all, human behaviour. Works of art are manifestations of attitudes, beliefs and possibilities that have meaning only when they are encountered and experienced. To fully appreciate a work of art, it is vital to consider the human context.[5]

The Deichmanns

Among the earliest craftspeople in Canada to set up a studio and to make a living by selling their work were Erica and Kjeld Deichmann. Although many potters since have become full-fledged professionals, "the Deichmanns were the pioneers."[6] We are fortunate to be able to trace their careers not only through ceramics, documents and photographs, but also through the ideas, perceptions and recollections of Erica Deichmann-Gregg. It has been almost thirty years since any Deichmann ceramics were made, yet the experiences, values and relationships which helped give meaning to this body of work are still very much part of her life and those of the people who knew her family.

The Deichmanns' careers span a critical period, and in many ways embody a major change—a turning point in the history of the crafts in Canada. It was that point at which the traditional crafts gave birth to the crafts as an artistic endeavour. It was during that period that creative people established studios, independently of factories, schools or centres, and produced a body of work that came to be appreciated not only for its practicality but also for its beauty and spirit.

From very shortly after the first firing of the kiln in Moss Glen, New Brunswick, in August 1935, until the last firings in Sussex, New Brunswick, in 1963, the Deichmann Pottery was a going concern. The small group of friends, supporters and of "scattered callers"[7] as Kjeld Deichmann described the earliest passersby who stopped for directions or a drink of water, quickly grew into a steady stream. By the end of the 1930s writers and photographers joined the ranks of curious visitors. This resulted in a high profile for the Deichmanns in the popular press and eventually in film. This media attention persisted throughout their careers. By 1940, they felt confident enough in their work to begin exhibiting and demonstrating throwing and modelling techniques and their reputation soon spread to other parts of Canada, the United States and beyond.

Throughout the twenty-seven years that the Deichmann Pottery was in operation, visitors were

attracted by the useful and visually attractive ceramics that were available for sale. Yet the indisputable quality and prodigious volume of Erica's and Kjeld's production alone cannot account for the popularity of Deichmann ceramics, nor for the tens of thousands of visitors who made the pilgrimage to their studios. Rather, the attraction of purchasing some of the best ceramics being produced in North America was inextricably intertwined with the personal magnetism of Erica and Kjeld Deichmann and their family. Throughout the Depression, the war years and the technology-hungry 1950s, it was as much the attraction of the potter's studio as it was of pottery, as much the process and lifestyle as it was the product, that touched the hearts and inspired the imagination of the public.

The balance of this essay describes some of the influences and social conditions that may help to account not only for the Deichmann ceramics but also for their popularity. The facts—dates, names and places—are mingled with perceptions and experiences. These document a craft studio that grew, prospered, became a national phenomenon, and closed, all before the wider "revival" of the studio crafts in Canada in the 1960s.

Denmark

Kjeld and Erica first met in Saskatchewan; she the daughter of a Danish Dean on a pastoral visit to one of the prairie Danish-Canadian settlements; he a recent immigrant from Denmark trying his hand at farming. After a year, during which Erica studied in Denmark and Kjeld bought a farm at Moss Glen on the Kingston Peninsula in New Brunswick, they reunited and married in Saint John in 1932.

They planned to live "an uncomplicated life, farming on a very small scale"[8] and set about fixing up the little farmhouse that was to be their home. Yet both realized almost from the start that farming might not fulfill their ambitions and they were soon making plans for a trip back to Denmark to explore training in some field of the arts. The inheritance left to Kjeld by his parents enabled them to spend a year from May 1933 in study and travel in Denmark, France, and Great Britain (and later to bridge the gap between the establishment of their Pottery and a level of sales that could support the family four or five years later). During the first six months in Denmark, Kjeld helped a former schoolmate, Axel Bruhl, to build a kiln and he picked up the rudiments of pottery making. Although Kjeld later described this as an apprenticeship, it soon became evident to the Deichmanns that Bruhl, who had started making ceramics only in 1929, was still experimenting himself. Erica studied weaving during the same period. In the spring of 1934, the Deichmanns returned to Moss Glen and set up the pottery studio, later christened Dykelands after the small dykes on the property. The notes Kjeld had made in Denmark were the basis for the first kiln they built.

Despite the long stretch of time and distance that separated them from Denmark for most of their careers, the Deichmanns continually drew on the cultural resources of their heritage. Many of the characteristics which attracted people to their ceramics: the simplicity and elegance of the forms, surfaces and glazes, owe a debt to a Scandinavian sensibility which eventually had a profound effect on North American design and fashion in the late 1950s. Kjeld's forms, with their narrow necks and sinuous lines, and Erica's subtle glaze colours and elegant surface painting contrasted with the post-Victorian hobby clutter of their time. Throughout their careers the Deichmanns' work was remarkably true to a style that can be described in the broadest sense as modern.

This sensibility extended even to the ways in which Erica and Kjeld renovated their homes and set up their studios. The interiors featured white walls, unfinished wood, warm colours, portraits of ancestors and a Danish tapestry. Everything was done with an eye toward presenting their work and living in sympathetic surroundings.

Even more significant perhaps were the ways in which their backgrounds oriented them philosophically and socially toward work with clay. After completing a degree in philosophy at the University of Copenhagen in 1919, Kjeld spent the next five years studying painting and sculpture in Paris, Toulouse, Munich, Vienna and Florence. This kind of classical training, which had prepared him for entry to the Royal Danish Academy, encouraged the simultaneous exploration of various media and the appreciation of artistic achievements from a broad range of cultural traditions. Denmark itself had a long tradition of artistic cross-fertilization. Axel Bruhl, with whom Kjeld built the kiln in 1933, was a trained painter who went on to produce domestic ware and ceramic sculpture and to work as an industrial designer. Bruhl himself was heir to a tradition that includes figures like Thorvald Bindesboll, who in the 1890s was painting and producing pottery. The 1930s were a period in which the arts flourished in Denmark, and Erica and Kjeld Deichmann were exposed to a climate in which poets, painters and other kinds of artists met to discuss their work. The Bornholm Island retreat organized by the Hjort sisters, well-known patrons of the arts who were active in the 1930s, is an example of precisely the kind of salon or group that the Deichmanns assembled around them after they settled in New Brunswick.[9]

Throughout their careers, the Deichmanns felt themselves kin to other artists and never imagined themselves to be members of an exclusive or excluded category of "potters" or "craftsmen" which separated them from their primary goals of experimentation and creative expression.

New Brunswick

After returning from Denmark to New Brunswick, Erica and Kjeld spent their first year relocating and rebuilding an old barn as a workshop, constructing drying racks, shelves and a potter's wheel. With fire bricks brought

Photograph by Richard H. Smith, 1939

In August 1935 we had our first firing. In the excitement of getting ready for it we never thought it could be a failure. It was, as were many others. We passed through a period of trial and error. Still, we struggled on. Then it was 1936 and winter again. Off and on there were some pieces which we thought showed hope. During this period too, we began to fumble with glaze experiments. We seemed to be like apprentices to the big, demanding kiln. Like a temperamental monster, it delighted in making us learn its lessons the hard way.
Kjeld Deichmann

Photographie de Richard H. Smith, 1939

Nous avons procédé à notre première cuisson en août 1935. Dans l'enthousiasme de la préparation, l'idée ne nous a jamais effleurés que ce pourrait être un échec. C'en fut un, et il y en eut bien d'autres. Nous avons traversé une période de tâtonnements. Pourtant nous avons persévéré. Puis, l'hiver est revenu, nous étions en 1936. De temps en temps, une pièce nous donnait l'espoir d'être sur la bonne voie. À cette époque, nous avons également expérimenté maladroitement avec des glaçures. Nous avions l'impression d'être les apprentis du grand et exigeant four à céramique. Comme un monstre fantasque, il prenait plaisir à être un maître difficile.
Kjeld Deichmann

from Scotland they constructed a massive wood kiln, which was to be their joy and anguish for the next ten years. With a thirty-cubic-foot (0.85 m³) capacity it devoured cords of softwood and could turn months of work into "a sticky-looking mess."[10] The first firing in August 1935 was a failure as were many which followed. The local clay, which they dug on their own property (the chance discovery of which initiated the Pottery according to later accounts), had a very short firing range and warped in the uneven heat. The Deichmanns nonetheless had enough success to keep going, constantly experimenting and improving the work.

The Deichmanns tried mixing silica (sand) and kaolin (pure clay) with their local clay and introduced various other Canadian clays as well. In the early 1940s, they began to buy Nova Scotia's famous Musquodoboit clay from a Mr. Foley in Saint John. This clay, mixed with their own, and later with nepheline syenite, offered much more predictable results. At about the same time Erica and Kjeld grew impatient with their "temperamental monster"[11] of a kiln with its twenty- to forty-hour firings and they began to experiment with smaller wood kilns,

Le Tournant
La poterie Deichmann, 1935–1963

"Demonstrating at Saint Helen's Island Fair, Montréal"
Photograph by Albert Lajoie, 1940

«Démonstration à la foire de l'île Sainte-Hélène, Montréal»
Photographie d'Albert Lajoie, 1940

finally moving to a more readily controlled gas-fired kiln in 1946. During this phase of their careers, Kjeld became expert in throwing on the wheel and Erica in hand-modelling and painting, most often directly on the raw clay before firing. Erica also developed and mixed the glazes, reputedly recording over 5,000 glaze experiments.

The Kingston Peninsula on which Moss Glen is located is only a few kilometres from Saint John but at the same time it is cut off by the Kennebecasis and Saint John Rivers. Ferries run in summer and ice bridges connect in winter, but the spring and fall can mean long journeys. It was initially this peculiar contrast of proximity and isolation that preserved the ambience and lent a romantic appeal for visitors to Dykelands.

Soon after settling in, Erica and Kjeld, who had a lifelong passion for books, turned their collection into an informal lending library for neighbours. In this way Erica began to make friends and acquaintances among people who surely must have initially looked upon the Deichmanns with the curiosity and scepticism often reserved for outsiders. Even more important to their lives were the contacts they began to make with the small circle of New Brunswick artists. These people included P.K. Page, Jack Humphrey, Miller Brittain, Ted and Rosemund Campbell, Pegi Nicol MacLeod, Madge Smith and Kay Smith. The group often gathered at Moss Glen in the winters, providing friendship and the artistic stimulation that Erica and Kjeld treasured throughout their careers. These friendships linked the Deichmanns to the intellectual life of their adopted province and gave them contacts in Saint John and Fredericton. There was a continuous exchange of both work and ideas.[12]

From very early in their careers, the Deichmanns were fortunate to have a group of patrons who shared their success and helped them through their failures. Dr. J. Clarence Webster, co-founder of the New Brunswick Museum, and his wife Alice Lusk Webster, for example, purchased Deichmann work regularly for the Museum and for themselves, prompting other prominent people to take notice. Support from within the well-established networks of New Brunswick society were crucial to the economic survival of artists then as much as at any time, and Erica's natural wit and European charm helped the Deichmanns to establish a niche among the "Loyalists."

Although the Deichmanns encouraged the growing tide of tourists who "discovered" Dykelands every year, their fame became a mixed blessing. As early as 1945, Kjeld was already talking about trying to "escape the fate of being a tourist attraction."[13] On one hand, visitors from Saint John and other tourists (many from the New England states, in whose New Brunswick guidebooks the Deichmann Pottery was a prominent attraction) became a major source of income through direct sales. On the other, the volume of visitors, especially in the summers, put considerable pressure on the social life of the family

"Sussex, New Brunswick"
Photograph by Malak
of Ottawa, 1956

«Sussex (Nouveau-Brunswick)»
Photographie de Malak
d'Ottawa, 1956

and hampered Erica's and Kjeld's research with clays and glazes. At times there were a hundred visitors a day, many of whom just "came to be entertained."[14] The move to Sussex, New Brunswick, in 1956, was precipitated at least in part by a feeling that Dykelands had become too well known. The Deichmanns simply desired more peace and privacy.

The experience of visiting the Deichmann Pottery, recorded in dozens of publications and hundreds of letters, seems to have inspired a good deal of emotion. Visitors write of the Deichmanns' wholesome lifestyle, peaceful rural life and close proximity to nature. Moreover, many were fascinated by what they perceived as an honest way of life: a family pursuing a traditional craft, using their hands, primitive tools and basic local materials. The participation of the three Deichmann children in the life and work of the family was frequently praised. Photographers were drawn to the kickwheel Kjeld used throughout his career as well as to his beret and sandled feet. As the Deichmanns themselves admitted, their personalities seemed to have become more important in the mind of the public than their finished work. For many of their visitors, the Deichmanns were symbolic of a "simpler" way of life. At Dykelands they experienced almost a utopia, whether they stayed for a few hours, overnight or returned for repeated visits.

Le Tournant
La poterie Deichmann, 1935–1963

These visits clearly had a great impact, for memories of them have persisted. At the opening of **The Turning Point** exhibition at the Canadian Museum of Civilization in January 1991, many people who had visited the Deichmanns forty or fifty years before relived their experience with an excitement which one reviewer described as the equivalent of a "craft rock concert."[15] People pressed forward to the speaker's platform, wearing pins or pendants made by Erica, or bearing photographs of themselves with the Deichmanns.

It is evident that many people saw in the Deichmann Pottery an image of traditional craftsmanship and associated values that went well beyond what the Deichmanns felt about their own work or aspired to themselves. Nonetheless, their pursuit of artistic expression through the medium of clay and the physical context in which they chose to do their work offered the public a chance to see craftspeople engaged in the creative process. This experience contrasted with the concept of technological progress that was dominant in their day.[16]

Canada and Beyond

By 1940, Deichmann ceramics had been included in exhibitions in New York, Paris and Glasgow, and Erica and Kjeld had begun to send their work regularly to shops and galleries outside New Brunswick. As their clientele grew to include people beyond their province, particularly from Ontario, Quebec and New England, offers to exhibit and demonstrate their work also increased.

Through these trips, the Deichmanns took on the role of goodwill ambassadors. For example, they represented New Brunswick at the Saint Helen's Island Fair in Montréal in 1940, and Canada at the Rockefeller Center in New York in 1952. Kjeld and Erica took seriously their responsibility to support and promote the role of artists. They wrote articles for magazines and gave innumerable interviews. Perhaps their most extensive and prolonged exposure came through their feature role in several National Film Board films made between 1952 and 1964. In *The Story of Peter and the Potter*, one of the most frequently shown and longest-running films in the Board's library, the Deichmanns' working process was integrated into a fairy-tale-like story.

Their extensive brief to the Massey Commission on the Arts in 1951 indicates how knowledgeable and perceptive the Deichmanns became about the challenges facing artists in Canada, particularly those working in a craft medium like ceramics. Their ideas and attitudes anticipated many of the concerns that dominated the discourse on craftsmanship during the 1960s and 1970s.

The Deichmanns were often asked to host visiting dignitaries and were very serious about their responsibility to their adopted country. In return, they were rewarded by a series of honours. Kjeld was invited to be among the first twelve people to receive Canadian citizenship at the first National Citizenship Ceremony in January 1947. Another of these first Canadian citizens was Yousuf Karsh, whose subsequent portraits of the

Deichmanns were reproduced in *Maclean's* magazine in 1953. There were several important commissions which enhanced the Deichmanns' reputation and enabled them to focus, at least for some time, on a particular project. The best known and documented of these was an after-dinner coffee service made for presentation by the City of Saint John to Princess Elizabeth and the Duke of Edinburgh during their visit in 1951. Kjeld Deichmann received a Canada Council study and travel grant in 1960-1961 which enabled them both to travel and study again in Europe. In 1987, Erica was awarded the Order of Canada. Their approach to Canadian nationalism was, typically, determined by their lives as artists. Their "pro-gramme", as Kjeld put it, was "through using Canadian earths, metals, minerals and ashes, to capture the subtle essence of Canada and not work further to death the exhausted buffalo and maple leaf."[17]

The Production

An assessment of the Deichmann Pottery's production can be made only within the context of their situation and experience. In technical terms they "invented" virtually every clay body, glaze, and many of the working techniques they used, through a process of trial and error. Although they consulted whatever instructional material was available, their relative isolation from other potters and the particular conditions of their studio made it essential that they discover what worked for them. Faced with both the need to survive through the selling of their work and their relentless determination to continually experiment and improve on previous work, their production took several directions simultaneously.

There was always a need to produce small-scale domestic ware; the small jugs, mugs, plates, painted tiles and figurines that for most people satisfied a passing interest in ceramics. Small victories in this effort are revealed in Erica's correspondence about making an ashtray that allows the cigarette to lie at just the right angle so as not to burn down quickly. The miniature ceramics made by the Deichmanns throughout their careers, which people today may look on as knick-knacks, were also part of their unabashed pragmatism. Many people could simply not afford a full-sized vase or dish, and Erica and Kjeld responded. That an extraordinary amount of effort and care obviously went into these tiny pieces—every bit as much as in their full-sized pieces—is consistent with the Deichmanns' approach to all their work. Great care was taken to make each a perfect piece.

There was also pressure from customers, familiar to all studio craftspeople, to reproduce only the most popular or fashionable forms and glaze colours. This was true particularly after commercial outlets began to have some success in selling Deichmann ceramics. There were times when customers seemed to demand only copper-blue glazes or pitchers or lamp bases. As with most creative people, the Deichmanns were often on the verge of a discovery in a new direction just as a previous stage of their work caught on and created a demand. Their ability and willingness to find a compromise, to both create and respond to their market, was an important part of the professionalism they pioneered.

The pieces most attractive to today's audiences are those that were identified for exhibition, retained as gifts for friends, or sold to collectors, and those that Erica and Kjeld gave to each other. Fortunately many of these have survived the attrition of table use, and were retained in museums and in Erica's own collection over the thirty years since the Deichmann production ceased. It is in these pieces that we can trace the evolution of the production from tentative and heavy-looking experiments with local clay, through the succession of graceful, decorative domestic tableware to the striking late works in porcelain. The later pieces, particularly the large-scale vessels that Kjeld was throwing in the last years of his life, are a testament to the fact that the Deichmanns were never content to simply reproduce themselves. The closing of the Pottery on the death of Kjeld Deichmann confirms that the continuous development of the production was based on a true partnership, so rare in the arts, that could not survive the loss of one member.

That so much of what the Deichmanns made has withstood a test of time and retains, forty and fifty years after its manufacture, what some have called a "clarity" and "integrity", is witness to the success they achieved. This is particularly significant in the light of the many developments in ceramic design and technique since the closure of the Pottery in 1963.

The value of the Deichmann collection lies in the way that it remains embedded in a social context, surrounded by the remembered experiences of its "manufacture", and particularly its distribution and use. The pottery became a form of communication, a "medium of exchange", for a generation of people whose paths crossed with the Deichmanns. The vast majority of the surviving production of the Deichmann Pottery remains integrated in similar social settings—in private homes, in people's personal collections—representing an experience which for many was a highlight of their lives.

The genius of the Deichmanns lies in the way that they managed to express their values and experiences through what they created. Their intention was never to segregate beauty or meaning from everyday life, but rather to help people experience beauty in practical and useful objects. They had the initiative, flexibility and determination to chart a course at a turning point in the history of the crafts in Canada. With little experience or support they laid the ground for the generations of studio craftspeople who were to follow, and more importantly, built a base of friends, admirers, clients and customers who could appreciate the qualities of fine craftsmanship. The Deichmanns were a popular force for keeping alive the notion of craftsmanship as an integral part of the arts during the period when it seemed most threatened on one hand by the mass-produced object, and on the other, by the expressionist contempt for materials and skill.

A consideration of the Deichmanns' careers suggests that the significance of cultural origins of artists and craftspeople, so important to the study of material culture in Canada prior to this century, continues to be a meaningful factor in filling the gaps in our knowledge of more recent history. It also confirms that the environmental and social factors of a community are also a key to understanding the nature of developments in the arts. Finally, it indicates the complexity of matching personal goals with fulfilling public expectation in a creative life.

The opening quotation talks of discovery rather than of treading a beaten path. This can be recognized as a pioneering description of experience that has been shared by many studio craftspeople since. The final quotation vividly places the Deichmanns at both the origins and the heart of the studio crafts movement:

The idea of handicrafts being a panacea, to which one can turn when other things have failed and when one cannot adjust to life, is prevalent in some circles. This is an erroneous conception, as the position of the handi-craftsman in this age of mechanical efficiency is perplexing and calls for many and often conflicting talents. The real craftsman is essentially an experimenter who dislikes repeating himself. He is happiest when he is creating fresh designs and finding new ways of expressing old truths.

Erica and Kjeld Deichmann (1951)

End Notes

1. McPherson, 1990:20.
2. Adams, 1987:12; Giambruni, 1987:20; Mays, 1986:C5.
3. The decade of the 1960s has only recently receded far enough to be considered a subject for serious social analysis.
4. There are, of course, exceptions to this omission and some evidence of a recent change in attitude. There have for some time been examples of media-specific research, for example, the presentation on Canadian ceramics by Ann Mortimer and John Chalke (1979), regional studies, for example Nancy Townshend's history of ceramics in Alberta (1975), and some institutions, such as the Montréal Museum of Decorative Arts (Hanks and Carmel 1990) have recently begun to document the life stories and attitudes of makers. The Americans have also recently recognized this gap in research on art in this century, as witnessed by the American Craft Museum's recent publication, *A Neglected History: 20th Century American Craft*. Kardon, J. et. al, N.Y., 1990.
5. The advances in the anthropological study of art have proved to have many useful applications to the study of contemporary art in industrialized society, usually categorized as art history (Geertz, 1976:1478; Fabian and Szombati-Fabian, 1980:257).
6. Charles, 1976:6.
7. Deichmann, 1951:19.
8. Deichmann, 1951:17.
9. I am thankful to Lis Stainforth, a graduate of the Institute of Canadian Studies, Carleton University, for insights into Danish craft history.
10. Deichmann, 1937:5.
11. Deichmann, 1951:21.
12. This group of artists in New Brunswick is vividly described in Murray, 1984. Karen Herring of the Institute of Canadian Studies at Carleton University is currently doing research on the history of "art circles" in Saint John, New Brunswick.
13. Deichmann, 1945.
14. Deichmann, 1985.
15. Baele, 1991:B8.
16. Robert Hughes, in his recent collection of essays, describes the prevailing industrially-oriented "material culture" of this period (Hughes 1990).
17. Deichmann, 1945.

Bibliography

ADAMS, N. "Smithsonian Horizons." *Smithsonian* (January 1987):12.

BAELE, Nancy. "Love of Life and Pottery." *Ottawa Citizen* January 24, 1991:B9-10.

CHARLES, Evelyne. "A History of the Guild." *Tactile* (August 1976):3-6.

DEICHMANN, Erica. Manuscript marked Saint John, New Brunswick, Nov. 24, 1937. Personal collection of Erica Deichmann.

DEICHMANN, Kjeld. Letter to Marjorie Davidson, National Film Board of Canada, 19 July 1945. Personal collection of Erica Deichmann.

DEICHMANN, Kjeld. Notes for a speech, c. 1945.

DEICHMANN, Kjeld and Erica. "A Study on Canadian Handicrafts with Particular Reference to New Brunswick." Unpublished manuscript presented to the Massey Commission on the Arts, 1951.

FABIAN, Johannes, and Ilona SZOMBATI-FABIAN. "Folk Art from an Anthropological Perspective." *Perspectives on American Folk Art*. Quimby, I.M.G. and Swank, S. T. (eds.). New York: W.W. Norton, 1980:247-292.

FRY, George, and Peter THOMAS. "The Deichmanns." Interview with Erica Deichmann-Gregg, Summer 1985. Collection of Fry and Thomas, Fredericton. Sound recording.

GEERTZ, Clifford. "Art as a Cultural System." *Modern Language Notes*, 1976:91.

GIAMBRUNI, Helen. "A.C.C.'s New Museum: Functional Craft to the Back of the Bus?" *Craft International* (April/June 1987):20-21.

HANKS, David A., and Kate CARMEL. "A Case Study: Collecting and Documenting Craft at the Montréal Museum of Decorative Art." in Kardon, J. (ed.). *A Neglected History: 20th Century American Craft*. New York: American Craft Museum, 1990:32-34.

HUGHES, Robert. *Nothing if not Critical: Selected Essays on Art and Artists*. New York: Knopf, 1990.

KARDON, Janet (ed.). *A Neglected History: 20th Century American Craft*. New York: American Craft Museum, 1990.

MAYS, John Bentley. "Drawing that Fine Line Between Art and Craft." *The Globe and Mail*. February 14, 1986:C5.

MCPHERSON, Anne. "Crafts are Conspicuous in Canadian Arts Building Boom." *American Craft*, Vol. 50, No. 3. (June/July 1990):20.

MORTIMER, Ann and John CHALK. *Canadian Connections/ Les Connexions Canadiennes: A Ceramic Perspective*. Unpublished—for Canadian Crafts Council, 1979.

MURRAY, Joan (ed.) *Daffodils in Winter: The Life and Letters of Pegi Nicol MacLeod, 1904-1949*. Moonbeam, Ontario: Penumbra Press, 1984.

TOWNSHEND, Nancy. *The History of Ceramics in Alberta*. Edmonton: Edmonton Art Gallery/Alberta College of Art, 1975.

Essai

J'ai l'impression que nous sommes des voyageurs qui ont navigué longtemps sur un grand bateau solide, pas toujours dans la même direction, mais louvoyant, du moins à ce qu'il semble, vers un but final. Puis tout à coup, le grand vaisseau se volatilise et nous nous retrouvons dans un petit bateau, ballottés et secoués par le vent et les vagues, exposés aux assauts brusques de l'extérieur et ne sachant plus très bien où nous allons.

Une seule chose est certaine, il nous est impossible de revenir en arrière — nous ne pouvons recréer l'atmosphère ni même l'environnement physique de l'artisan traditionnel.

Kjeld Deichmann (vers 1945)

Le magazine *American Craft* a récemment publié un article faisant état d'un «boom immobilier» qui a entraîné une «explosion de l'activité artisanale» au Canada au cours des dernières années[1]. Si l'on oublie les bruyantes métaphores, cela semble être un avatar des plus doux articles des quatre ou cinq dernières années qui annonçaient une «nouvelle ère», une «nouvelle respectabilité» et l'«accession à l'âge adulte» des métiers d'art[2]. Cette

«accession à l'âge adulte» fait référence à la vie des métiers d'art contemporains dont on fait généralement remonter la naissance (ou la renaissance) au milieu de ce siècle au Canada.

L'«accession à la majorité» témoigne d'une maturité et d'une confiance atteintes grâce à la connaissance de sa propre situation, à une vision de l'avenir fondée sur la compréhension du passé. Il est donc curieux que le mouvement de l'artisanat contemporain au Canada, tout en s'attelant avec tant d'énergie à la conquête d'un avenir qui s'annonce très brillant, ait fait si peu d'effort, collectivement, pour documenter le passé.

Certains sont d'avis qu'il vaut mieux oublier cet aspect du passé, après avoir lutté pendant presque vingt ans pour se libérer du stigmate qui, dans la conscience populaire, accompagne le mot «artisanat». Par une ironie du sort, ce même élan «contre-culturel» qui a amené l'expansion de l'artisanat dans les années 1960 a laissé derrière lui une image d'amateurisme et de nostalgie, de gobelets et de macramé qui laisse toujours bien des Canadiens indifférents ou gê-

nés[3]. Ironiquement, cette ambivalence semble avoir aussi marqué jusqu'à récemment toute l'histoire des métiers d'art, même les œuvres remarquables antérieures aux années 1960[4].

L'histoire du métier d'art contemporain doit être relatée maintenant, dans le contexte plus général de l'histoire de l'art et de la société, alors qu'au moins certains des premiers protagonistes vivent encore et peuvent faire le récit de leur expérience. Cette dimension humaine est devenue fondamentale dans l'étude de l'art : on se penche sur l'artiste au travail, sur l'objet tel qu'il est utilisé et sur la capacité du public de saisir la signification des objets. Une approche qui ne se fonde que sur la

Photograph by Climo, early 1950s

Photographie de Climo, début des années 1950

contemplation et la classification des objets et qui met l'accent sur l'analyse des formes, la «grammaire» de la couleur, des lignes et de la composition, laisse de côté et même dissimule la dynamique humaine. L'art, après tout, est un comportement humain. Les œuvres d'art sont les manifestations d'attitudes, de croyances et de possibilités qui n'ont une signification que si on les voit et qu'on en fait l'expérience. Pour apprécier pleinement une œuvre d'art, il est essentiel d'en considérer le contexte humain[5].

Les Deichmann

Parmi les premiers artisans du Canada à avoir établi un atelier et à avoir vécu de leur art figurent Erica et Kjeld Deichmann. Bien que de nombreux potiers soient depuis devenus de véritables professionnels, «les Deichmann ont été les pionniers»[6]. Nous avons la chance de pouvoir suivre leur carrière non seulement grâce aux céramiques, aux documents et aux photos, mais aussi grâce aux idées, aux perceptions et aux souvenirs d'Erica Deichmann-Gregg. Il y aura bientôt trente ans que les dernières céramiques des Deichmann ont été réalisées, et pourtant les expériences, les valeurs et les relations qui aident à donner un sens à cet ensemble d'œuvres sont toujours présents en elle et en ceux qui ont connu sa famille.

La carrière des Deichmann couvre une période critique, et à bien des égards marque un changement important — un tournant dans l'histoire de l'artisanat au Canada. C'est à cette époque que l'artisanat traditionnel a donné naissance au métier d'art. C'est au cours de cette période que des créateurs ont établi des ateliers, indépendamment des usines, des écoles ou des centres, et ont produit un ensemble d'œuvres qui en sont venues à être appréciées non seulement pour leur aspect utilitaire, mais aussi pour leur beauté et leur caractère.

Dès les premières cuissons dans le four de Moss Glen, au Nouveau-Brunswick, en août 1935, jusqu'aux dernières, à Sussex, au Nouveau-Brunswick, en 1963, l'atelier des Deichmann a attiré l'intérêt. Le petit groupe d'amis, de partisans et de «visiteurs épars», comme Kjeld Deichmann appelait les premiers passants qui arrêtaient pour demander leur chemin ou boire un verre d'eau, s'est vite transformé en un flot intarissable. À la fin des années

1930, des auteurs et des photographes se joignirent aux curieux. Les Deichmann s'en sont trouvés propulsés dans la presse populaire et le cinéma. Cette attention des médias a duré jusqu'à la fin de leur carrière. En 1940, ils avaient assez confiance en leur travail pour commencer à exposer et à faire des démonstrations de techniques de tournage et de modelage, et leur réputation s'est vite répandue dans d'autres régions du Canada, aux États-Unis et dans d'autres pays.

Tout au long des vingt-sept années d'exploitation de l'atelier des Deichmann, des visiteurs ont été attirés par les céramiques utiles et belles qui étaient à vendre. Pourtant, la qualité indiscutable et le volume prodigieux de la production d'Erica et de Kjeld ne peuvent expliquer seuls la popularité de leurs céramiques, ni le fait que des dizaines de milliers de visiteurs ont fait un pèlerinage à leur atelier. En fait, le plaisir de posséder certaines des plus belles céramiques produites en Amérique du Nord se mêlait inextricablement au magnétisme personnel d'Erica et Kjeld Deichmann et de leur famille. Tout au long de la Dépression, des années de guerre et aussi des années 1950, avides de technologie, c'était tout autant l'atelier du potier que sa poterie, le travail et le mode de vie que le produit, qui touchaient les cœurs et stimulaient l'imagination du public.

La suite du présent essai décrit certaines des influences et des conditions sociales pouvant contribuer à expliquer non seulement la céramique des Deichmann, mais aussi leur popularité. Les faits — dates, noms et lieux — se mêlent aux perceptions et aux expériences. Ils témoignent d'un atelier qui a grandi et prospéré, qui est devenu un phénomène national, et qui a plus tard fermé, tout cela avant la «renaissance» générale du métier d'art au Canada dans les années 1960.

Danemark

Kjeld et Erica se sont connus en Saskatchewan; elle était la fille d'un doyen danois en visite pastorale dans un des établissements dano-canadiens des prairies, et lui avait immigré récemment du Danemark et tâtait de l'agriculture. Après une année, au cours de laquelle Erica a étudié au Danemark, et où Kjeld a acheté une ferme à Moss Glen, dans la péninsule de Kingston, au Nouveau-Brunswick, ils se sont retrouvés et se sont mariés à Saint John en 1932.

Ils prévoyaient mener «une vie simple, de cultiver la terre sur une très petite échelle»[8], et se sont mis à aménager la petite maison de ferme qui devait être leur de-

"Interior of Moss Glen house"
Photograph by Madge Smith,
c. 1945

«Intérieur de la maison à Moss Glen»
Photographie de Madge Smith,
v. 1945

meure. Pourtant, les deux se rendirent compte presque dès le début que l'agriculture ne pouvait répondre à leurs ambitions, et ils ne tardèrent pas à prévoir retourner au Danemark pour y rechercher une formation dans un domaine artistique quelconque. L'héritage laissé à Kjeld par ses parents lui permit de passer une année, à partir de mai 1933, à étudier et à voyager au Danemark, en France et en Grande-

Bretagne (et, quatre ou cinq ans plus tard, à combler l'écart entre ce que leur fournissait leur travail de jeunes potiers et le revenu nécessaire pour faire vivre une famille). Au cours des six premiers mois passés au Danemark, Kjeld aida un ancien camarade d'école, Axel Bruhl, à fabriquer un four et apprit les rudiments de la poterie. Plus tard, Kjeld allait décrire cette période comme un apprentissage, mais les Deichmann se rendirent vite compte que Bruhl, qui n'avait commencé à faire de la céramique qu'en 1929, était encore lui-même en train d'apprendre. Erica étudia le tissage pendant la même période. Au printemps 1934, les Deichmann retournèrent à Moss Glen et y établirent leur atelier de poterie, qu'ils baptisèrent plus tard du nom de Dykelands à cause des petites digues (dykes, en anglais) qu'on trouvait sur la propriété. Les notes prises par Kjeld au Danemark les ont aidés à fabriquer leur premier four.

Malgré la distance, et le temps, qui les ont séparés du Danemark pendant la plus grande partie de leur carrière, les Deichmann ont continuellement puisé dans les ressources culturelles de leur patrimoine. Beaucoup des caractéristiques de leur céramique qui plaisaient aux gens, comme la simplicité et l'élégance des formes, les surfaces et les glaçures, témoignent d'une sensibilité scandinave qui devait avoir une influence profonde sur le design et la mode en Amérique du Nord à la fin des années 1950. Les formes de Kjeld, avec leurs cols étroits et leurs lignes sinueuses, et les subtiles couleurs des glaçures d'Erica, ainsi que la peinture élégante de ses surfaces, contrastaient avec l'encombrement amateur post-victorien de leur temps. Tout au long de leur carrière, l'œuvre des Deichmann fut remarquablement fidèle à un style qui peut être décrit comme moderne au sens le plus large.

*In 1956 we decided to move our studio to Sussex. It had become more
difficult to live on the Kingston Peninsula. By then we were so well
known that we'd often have a hundred people in a day. Sometimes we
even had people stay overnight, people that we would see just once,
simply because they had missed the ferry or had lost their way. But here
in Sussex we felt it wouldn't be quite as draining on our time, and as it
turned out, we did have more time for our work.*
  Erica Deichmann, 1985

*En 1956, nous avons décidé de transférer notre atelier à Sussex. La vie
était devenue plus difficile dans la péninsule de Kingston. À cette époque,
nous étions si connus que nous pouvions recevoir une centaine de
personnes en une journée. Parfois, certains restaient même la nuit, des
gens que nous ne verrions qu'une fois, simplement parce qu'ils avaient
raté le traversier ou qu'ils s'étaient perdus. Mais ici, à Sussex, nous
avions le sentiment que nous perdrions moins notre temps, et nous avons
effectivement eu davantage de temps pour travailler.*
  Erica Deichmann, 1985

Cette sensibilité s'appliquait même à la façon dont Erica et Kjeld rénovaient leurs maisons et aménageaient leurs ateliers. Les intérieurs se caractérisaient par des murs blancs, du bois non façonné et des couleurs chaudes, et on y trouvait des portraits des ancêtres et une tapisserie danoise. Ils désiraient présenter leur œuvre et vivre dans un cadre agréable.

La façon dont leurs antécédents les ont orientés, sur le plan philosophique et social, vers le travail de l'argile est peut-être encore plus importante. Après avoir obtenu un diplôme de philosophie à l'université de Copenhague en 1919, Kjeld passa les cinq années suivantes à étudier la peinture et la sculpture à Paris, Toulouse, Munich, Vienne et Florence. Ce type de formation classique, qui l'avait préparé à s'inscrire à l'Académie royale du Danemark, encouragea l'exploration simultanée de divers moyens d'expression et l'appréciation des réalisations artistiques d'un vaste éventail de traditions culturelles. Le Danemark avait lui-même une longue tradition de croisements artistiques. Axel Bruhl, avec lequel Kjeld fabriqua un four en 1933, était un peintre de formation qui s'était mis à produire des articles ménagers et des sculptures en céramique, et à faire du design industriel. Bruhl était lui-même l'héritier d'une tradition où se sont illustrées des figures telles que Thorvald Bindesboll, qui, dans les années 1890, peignait et produisait de la poterie. Les années 1930 ont été une période de floraison des arts au Danemark, et Erica et Kjeld Deichmann ont baigné dans un climat où les poètes, les peintres et d'autres artistes se rencontraient pour parler de leur travail. La retraite de l'île de Bornholm organisée par les sœurs Hjort, des mécènes bien connues, actives dans les années 1930, est précisément une exemple du type de salon ou de groupe que les Deichmann réunirent autour d'eux après leur établissement au Nouveau-Brunswick[9].

Tout au long de leur carrière, les Deichmann se sont sentis proches d'autres artistes et ne se sont jamais imaginé appartenir à une catégorie exclusive ou exclue de «potiers» ou d'«artisans», qui les aurait empêchés d'atteindre leurs objectifs premiers d'expérimentation et d'expression créatrice.

Nouveau-Brunswick

À leur retour du Danemark, Erica et Kjeld passèrent leur première année au Nouveau-Brunswick à déménager et reconstruire une vieille grange qui allait leur servir d'atelier, ainsi qu'à fabriquer des rayons pour le séchage des poteries, des étagères et un tour de potier. Avec des briques réfractaires rapportées

"Drying racks at Moss Glen"
Photograph by Madge Smith, mid-
1940s

«Séchoirs à Moss Glen»
Photographie de Madge Smith,
milieu des années 1940

d'Écosse, ils construisirent un massif four à bois qui allait pendant les dix années suivantes leur apporter bien des joies et bien des angoisses. D'une capacité de trente pieds cubes (0,85 m³), il dévorait cordes après cordes de bois mou et pouvait transformer des mois de travail en «un gâchis visqueux»[10]. La première cuisson, en août 1935, fut un échec comme beaucoup de celles qui allaient suivre. L'argile locale qu'ils extrayaient sur leur propriété même (c'est à cette découverte fortuite qu'on allait attribuer plus tard la création de l'atelier) ne supportait pas de grands écarts de température et se déformait lorsque celle-ci était irrégulière. Néanmoins les Deichmann ont eu assez de succès pour continuer, en expérimentant et en améliorant sans cesse leur travail.

Les Deichmann ont tenté de mélanger du silice (sable) et du kaolin (argile pure) à leur argile locale et également à diverses autres argiles canadiennes. Au début des années 1940, ils ont commencé à acheter la fameuse argile de Musquodoboit d'un certain M. Foley, de Saint John. Cette argile, mélangée à la leur, et plus tard à de la syénite néphélinique, donnait des résultats plus prévisibles. C'est vers la même époque qu'Erica et Kjeld ont commencé à se lasser de leur «monstre fantasque»[11], avec ses cuissons qui duraient de vingt-quatre à quarante heures, et qu'ils se sont mis à travailler avec des fours à bois plus petits, pour finalement adopter en 1946 un four à gaz plus facile à contrôler. À cette étape de leur carrière, Kjeld était devenu un expert au tour et Erica avait acquis une grande dextérité à façonner et à peindre les pièces à la main, la plupart du temps directement sur l'argile crue avant de la cuire. Erica a également mis au point et mélangé des glaçures. Elle aurait fait plus de 5 000 expériences avec des glaçures.

La péninsule de Kingston, où se trouve Moss Glen, est à quelques kilomètres seulement de Saint John, mais elle en est cependant isolée par les rivières Kennebecasis et Saint-Jean. L'été, on peut emprunter le traversier, et l'hiver un pont de glace, pour s'y rendre, mais au printemps et en automne il faut souvent mettre beaucoup de temps. C'est ce contraste étrange entre proximité et isolement qui à l'origine préservait l'atmosphère particulière de Dykelands et lui donnait un charme romantique aux yeux des visiteurs.

Peu après leur installation, Erica et Kjeld, qui avaient depuis toujours une passion pour les livres, ont ouvert avec leur propre collection une bibliothèque de prêt officieuse pour leurs voisins. C'est ainsi que les Deichmann se sont fait des amis et des connaissances parmi ces gens qui tout au début les avaient sans doute regardés avec la

curiosité et la méfiance souvent témoignées aux étrangers. Mais les rapports qu'ils ont commencé à nouer avec la petite communauté artistique du Nouveau-Brunswick ont été encore plus importants dans leur vie. Parmi ces artistes figuraient notamment P.K. Page, Jack Humphrey, Miller Brittain, Ted et Rosemund Campbell, Pegi Nicol MacLeod, Madge Smith et Kay Smith. Le groupe se réunissait souvent à Moss Glen en hiver, offrant à Erica et à Kjeld cette amitié et cette stimulation artistique auxquelles tout au long de leur carrière ils ont attaché un tel prix. Ces amitiés permettaient aux Deichmann d'être en contact avec la vie intellectuelle de leur province d'adoption et d'avoir des relations à Saint John et à Fredericton. Il y avait un continuel échange d'idées et de travail[12].

Dès le début de leurs carrières respectives, les

Deichmann ont eu la chance d'avoir un groupe de clients qui ont partagé leurs succès et les ont aidés lors de leurs échecs. J. Clarence Webster, co-fondateur du New Brunswick Museum, et sa femme Alice Lusk Webster, par exemple, ont acheté régulièrement des œuvres des Deichmann pour le musée et pour eux-mêmes, les faisant connaître à d'autres personnes importantes. À cette époque, comme en tout autre temps, le soutien des réseaux bien établis de la société du Nouveau-Brunswick était essentiel à la survie économique des artistes, et la finesse d'esprit d'Erica ainsi que son charme européen aidèrent les Deichmann à se faire une place parmi les «Loyalistes».

Bien que les Deichmann aient encouragé l'afflux sans cesse croissant de touristes qui «découvraient» Dykelands chaque année, leur renommée finit par

avoir son revers. Dès 1945, Kjeld parlait déjà d'essayer d'«échapper au destin d'attraction touristique»[13]. D'une part, les visiteurs de Saint John et les autres touristes constituaient une bonne source de revenu grâce aux ventes directes — beaucoup de touristes venaient de la Nouvelle-Angleterre, munis de guides sur le Nouveau-Brunswick où l'atelier des Deichmann était décrit comme une importante attraction touristique. D'autre part, le nombre de visiteurs, particulièrement l'été, imposait un fardeau très lourd à la vie sociale de la famille et nuisait aux recherches d'Erica et de Kjeld sur les argiles et les glaçures. Certains jours, il venait une centaine de personnes, beaucoup d'entre elles ne venant que «pour se divertir»[14]. Le déménagement à Sussex, au Nouveau-Brunswick, en 1956 fut précipité, au moins en partie parce que Dykelands était

trop connu. Les Deichmann avaient besoin de plus de calme et d'intimité.

Il semble que les visites à l'atelier des Deichmann, racontées dans des douzaines de publications et des centaines de lettres, suscitaient beaucoup d'émotion. Ces visiteurs évoquent le mode de vie sain des Deichmann, leur vie rurale paisible à proximité de la nature. De plus, beaucoup ont été fascinés par ce qu'ils considéraient comme une honnête façon de vivre; une famille s'adonnant à un artisanat traditionnel, travaillant avec les mains, des outils élémentaires et des matériaux de base locaux. On louait souvent la participation des trois enfants Deichmann à la vie et au travail de leurs parents. Les photographes étaient attirés par le tour de potier que Kjeld a utilisé pendant toute sa carrière ainsi que par son béret et ses pieds chaussés de sandales. Comme l'ont admis les

Deichmann eux-mêmes, leur personnalité était devenue plus importante que leur travail aux yeux du public. Pour beaucoup de visiteurs, les Deichmann symbolisaient un mode de vie plus «simple». À Dykelands, ils faisaient presque l'expérience d'une utopie, qu'ils ne soient restés que quelques heures ou une nuit, ou qu'ils soient revenus plusieurs fois. Ces visites ont de toute évidence laissé de profondes impressions, car beaucoup en ont gardé le souvenir. Lors de l'inauguration de l'exposition **Le Tournant** au Musée canadien des civilisations, en janvier 1991, beaucoup de gens qui avaient rendu visite aux Deichmann quarante ou cinquante ans plus tôt relataient leur expérience avec la même excitation, écrivait un critique, que s'il s'était agi d'un «concert rock de l'artisanat»[15]. Des gens se pressaient jusqu'au podium de l'orateur, portant des broches ou des pendentifs faits par Erica, ou apportant des photos où ils apparaissaient avec les Deichmann.

Il est évident que beaucoup voyaient dans la poterie des Deichmann un artisanat traditionnel jumelé à des valeurs connexes qui allaient bien au-delà de ce que les Deichmann ressentaient à propos de leur propre travail ou de ce à quoi ils aspiraient eux-mêmes. Néanmoins, leur recherche de l'expression artistique à travers l'argile et le contexte physique qu'ils ont choisi pour faire leur travail a donné au public l'occasion de voir des artisans en pleine création. C'était une expérience qui s'écartait profondément de la notion de progrès technologique qui prédominait à cette époque[16].

Au Canada et ailleurs

En 1940, les céramiques des Deichmann avaient été exposées à New York, Paris et Glasgow, et Erica et Kjeld avaient commencé à envoyer régulièrement leurs œuvres à des magasins et des galeries d'art au-delà des frontières du Nouveau-Brunswick. À mesure que leur clientèle croissait et que s'y ajoutaient des gens de l'extérieur de leur province, particulièrement de l'Ontario, du Québec et de la Nouvelle-Angleterre, ils recevaient davantage d'offres pour faire des démonstrations de leur travail et l'exposer.

Ces voyages firent des Deichmann des ambassadeurs. Ils représentèrent, par exemple, le Nouveau-Brunswick lors de la Foire de l'île Sainte-Hélène, à Montréal en 1940, et le Canada au Rockefeller Center de New York, en 1952. Kjeld et Erica prenaient au sérieux leur responsabilité d'encourager les artistes et de promouvoir leur rôle. Ils ont écrit des articles pour des revues et donné d'innombrables entrevues. Entre 1952 et 1964, ils participèrent à plusieurs films de l'Office national du film, dans lesquels ils avaient le pre-

mier rôle. C'est sans doute ces films qui les ont mis le plus longtemps et le plus nettement en évidence. Dans *The Story of Peter and the Potter*, un des films de la cinémathèque de l'Office le plus fréquemment montrés et qui a eu une des carrières les plus longues, la méthode de travail des Deichmann est intégrée à une sorte de conte de fée. Leur long mémoire à la Commission Massey sur les arts en 1951 montre la profonde connaissance que les Deichmann avaient acquise des défis auxquels doivent faire face les artistes au Canada, particulièrement ceux qui utilisent un moyen d'expression artisanal tel que la céramique, et combien ils y étaient sensibles. Leurs idées et leurs attitudes ont annoncé beaucoup des préoccupations qui allaient dominer le discours sur l'artisanat au cours des années 1960 et 1970.

On a souvent demandé aux Deichmann d'être les hôtes de dignitaires en visite et ils prenaient très au sérieux leur devoir envers leur pays d'adoption. En retour, ils ont été récompensés par de nombreux honneurs. Kjeld a été invité, avec onze autres personnes, à faire partie du premier groupe à recevoir la citoyenneté canadienne au cours d'une cérémonie particulière, en janvier 1947. Parmi ces douze personnes figurait également Yousuf Karsh, dont les portraits qu'il fit plus tard des Deichmann furent reproduits dans le magazine *Maclean's* en 1953. Les Deichmann reçurent plu-sieurs commandes importantes qui accrurent leur renommée et leur permirent de se consacrer, du moins pendant un certain temps, à un projet particulier. Le plus connu et le mieux documenté de ces projets a été le service à café présenté par la ville de Saint John à la princesse Élisabeth et au duc d'Édimbourg lors de leur visite en 1951. Kjeld Deichmann s'est vu octroyer en 1960-1961 une bourse d'étude et de voyage du Conseil des arts du Canada qui lui permit ainsi qu'à Erica de voyager et d'étudier en Europe. En 1987, Erica a été décorée de l'Ordre du Canada. Leur conception du nationalisme canadien était, comme on peut s'y attendre, liée à leur vie artistique. Leur «pro-gramme», comme le disait Kjeld, consistait à «utiliser la terre, les métaux, les minéraux et les cendres du Canada, pour traduire l'indéfinissable essence de ce pays, et à ne pas faire disparaître les derniers bisons et la feuille d'érable»[17].

La production

On ne peut évaluer la production de l'atelier des Deichmann sans tenir compte de leur situation et de leur expérience. Sur le plan technique, ils ont «inventé» pratiquement tous les mélanges d'argile, les glaçures, et beaucoup des techniques de travail qu'ils ont utilisées, en procédant par tâtonnement. Bien qu'ils aient consulté les ouvrages didactiques existants, leur isolement relatif des autres potiers et la situation particulière de leur atelier les a forcés a découvrir par eux-mêmes ce qui leur convenait. Obligés pour survivre de vendre leurs œuvres, mais fermement déterminés à continuellement expérimenter et créer des œuvres toujours meilleures, ils ont exploré simultanément diverses directions.

Il y a toujours eu une demande pour la production de petits objets ménagers : ces petits pichets, tasses, assiettes, carreaux peints et figurines qui satisfaisaient l'intérêt passager de la plupart des gens pour la céramique. Ce travail n'était pas exempt de petites victoires, comme le prouve la correspondance d'Erica, où il est question entre autres d'un cendrier qui permet de déposer une cigarette dans un angle parfait pour l'empêcher de brûler trop rapidement. Les céramiques miniatures que les Deichmann ont exécutées pendant toute leur carrière, et qu'aujourd'hui on pourrait qualifier de bricoles, témoignent également de leur éternel pragmatisme. Beaucoup de gens ne pouvaient tout simplement pas s'offrir un vase ou un plat de grandeur normale, et Erica et Kjeld en ont tenu compte. Il est évident que ces minuscules pièces ont nécessité beaucoup de travail et fait l'objet d'énormément de soins — tout autant que les pièces de grandeur normale — ce qui est tout à fait typique de la façon de travailler des Deichmann. Chaque pièce devait être parfaite.

Ils étaient également soumis à la pression des clients, familière à tous les artisans travaillant en atelier, de ne reproduire que les formes et les couleurs de glaçures les plus populaires ou les plus à la mode. Ce fut particulièrement le cas lorsque les magasins se sont mis à vendre des céramiques des Deichmann. À certaines époques, il semble que les clients ne s'intéressaient qu'aux glaçures, aux cruches ou aux pieds de lampe bleu cuivré. Comme c'est le cas pour la plupart des créateurs, les Deichmann étaient

"Family Album"
Photographs by Madge Smith

CLOCKWISE:
A Erica, Anneke, Beth, Henrik and
Kjeld Deichmann, c. 1945
B. Erica and Kjeld, c. 1940
C. Jack Humphrey, Kjeld and
Miller Brittain, c. 1940
D. Erica, Louis Muhlstock and
Kjeld in Montréal, 1940

«Album de famille»
Photographies de Madge Smith

DANS LE SENS DES AIGUILLES D'UNE
MONTRE :
A. Erica, Anneke, Beth, Henrik et
Kjeld Deichmann, v. 1945
B. Erica et Kjeld, v. 1940
C. Jack Humphrey, Kjeld, et Miller
Brittain, v. 1940
D. Erica, Louis Muhlstock et Kjeld
à Montréal, 1940

Les pièces qui sont le plus admirées aujourd'hui sont celles qui ont été choisies pour des expositions, données en cadeau à des amis ou vendues à des collectionneurs, ainsi que celles qu'Erica et Kjeld se sont offertes mutuellement. Heureusement, beaucoup d'entre elles ont survécu à leur usage ménager et sont conservées dans des musées, ou dans la collection personnelle d'Erica, depuis que les Deichmann ont cessé toute production, il y a trente ans. Ce sont ces pièces qui peuvent nous permettre de retracer l'évolution de leur production à partir des essais expérimentaux et maladroits avec l'argile jusqu'aux remarquables dernières œuvres en porcelaine, en passant par toute une série d'articles de table gracieux et décoratifs. Les pièces les plus récentes, particulièrement les grands récipients que Kjeld tournait à la fin de sa vie, témoignent que les Deichmann ne se sont jamais contentés de tout simplement se répéter. La fermeture de l'atelier à la mort de Kjeld Deichmann atteste que l'évolution continuelle de la production était fondée sur une véritable association, si rare dans le milieu artistique, et qui ne pouvait survivre à la disparition d'un de ses membres.

Qu'une telle proportion de leurs œuvres ait si bien résisté au passage du temps souvent sur le point de faire une découverte dans une nouvelle direction juste au moment où une étape antérieure de leur travail commençait à intéresser les gens et à créer une demande. Leur habileté et leur bonne volonté lorsqu'il fallait trouver des compromis, à la fois créer et répondre à la demande du marché, a été un aspect important du professionnalisme dont ils ont été les pionniers.

et que, quarante et cinquante ans après leur création, ces pièces aient conservé ce que certains appellent leur «clarté» ou leur «intégrité», donne la mesure de la réussite des Deichmann. Ceci est particulièrement important eu égard aux nombreuses mutations subies par les motifs et les techniques de la céramique depuis la fermeture de l'atelier en 1963.

La valeur de la collection des Deichmann tient à ce qu'elle reste inscrite dans un contexte social, encore tout enveloppée des souvenirs se rattachant à sa «fabrication», et particulièrement à sa diffusion et à son usage. La poterie est devenue une forme de communication, un «moyen d'échange», pour toute une génération de gens dont le chemin a croisé celui des Deichmann. L'essentiel de la production des Deichmann qui nous est parvenue se trouve toujours dans un cadre social similaire — des maisons privées, des collections personnelles — et constitue une expérience qui pour beaucoup fut un des grands moments de leur vie.

Les Deichmann ont réussi à exprimer leurs valeurs et leurs expériences à travers leur création; c'est là que se situe tout leur génie. Ils n'ont jamais cherché à séparer beauté ou signification de la vie de tous les jours, au contraire, ils ont voulu permettre aux gens de faire l'expérience de la beauté dans des objets utiles et pratiques. Ils ont eu l'initiative, la souplesse et la détermination nécessaires pour choisir une orientation à un tournant de l'histoire de l'artisanat au Canada. Avec très peu d'expérience ou d'aide, ils ont préparé la voie pour des générations d'artisans travaillant en atelier qui sont venus après eux, et, ce qui est plus important encore, se sont constitué un réseau d'amis, d'admirateurs, de clients et d'acheteurs capables d'apprécier un travail de qualité. Les Deichmann ont créé une force qui a aidé à garder vivante l'idée que l'artisanat faisait partie intégrante des arts pendant la période où il semblait le plus menacé, d'une part par la production de masse des objets, et d'autre part par le mépris expressionniste pour les matériaux et la dextérité.

La carrière de Kjeld et Erica Deichmann prouve que l'origine culturelle des artistes et des artisans, si importante pour l'étude de la culture matérielle au Canada avant le présent siècle, continue d'être un facteur essentiel permettant d'enrichir nos connaissances sur notre histoire plus récente. Elle montre également qu'il est indispensable de comprendre ce qui compose un milieu et une société pour saisir la nature de l'évolution des arts. Finalement, elle démontre à quel point il est difficile de marier des objectifs personnels et les attentes du public dans une vie de création.

Dans la citation préliminaire, il est question de découvrir, plutôt que de parcourir des sentiers battus. On peut y reconnaître une description originale d'une expérience partagée par de nombreux artisans qui ont travaillé en atelier depuis. La citation finale met de façon manifeste les Deichmann à la fois à l'origine et au cœur de la renaissance de l'artisanat en atelier :

La notion que les métiers d'art sont une panacée, vers laquelle on peut se tourner lorsque le reste a échoué et qu'on ne peut s'adapter à la vie, prévaut dans certains milieux. Cette conception est erronée, car la place de l'artisan en ce temps d'efficacité mécanique est complexe et exige des talents nombreux et souvent incompatibles. Le véritable artisan est essentiellement un expérimentateur qui déteste se répéter. Il est surtout heureux quand il crée des motifs nouveaux et trouve de nouvelles façons d'exprimer des vérités anciennes.
  Erica et Kjeld Deichmann (1951)

With generations of persons of good taste behind him, Mr. Deichmann could accept the fact that fine form is the keynote of works of art in ceramics—a bowl is round because of the nature of its making, and does not need to be dented or pushed or pulled to capture the eye with novelty; its shape and glaze should be enough. It has been said of him that he could not create an ugly form; and as a man, his personal integrity was of a rare quality.
  Ellis N. Roulston, Obituary for Kjeld Deichmann, 1963

Ayant derrière lui des générations de personnes de bon goût, M. Deichmann pouvait accepter le fait que la belle forme est la note dominante des œuvres d'art en céramique. Ainsi, le bol est rond en raison de la nature de sa fabrication, et il n'a pas besoin d'être entaillé, ou enfoncé, ou étiré pour attirer le regard par sa nouveauté; sa forme et sa glaçure devraient suffire. On a dit de lui qu'il ne pouvait pas créer de forme laide; et en tant qu'homme son intégrité personnelle était parfaite.
  Ellis N. Roulston, Notice nécrologique de Kjeld Deichmann, 1963

Photograph by D. Whiteway, 1962

Photographie de D. Whiteway, 1962

The Turning Point:
The Deichmann Pottery, 1935–1963

Notes

1. McPherson, 1990, 20.
2. Adams, 1987, 12; Giambruni, 1987, 20; Mays, 1986, C5.
3. Les années 1960 commencent seulement à être assez loin derrière nous pour qu'on puisse songer à en faire une analyse sociale sérieuse.
4. Il y a évidemment des exceptions à cette omission, et à certains signes on voit que les attitudes sont en train de changer. Depuis un certain temps, des recherches sont faites sur un moyen d'expression particulier, par exemple la présentation sur les céramiques canadiennes par Ann Mortimer et John Chalke (1979); des études régionales, par exemple l'histoire de la céramique en Alberta par Nancy Townshend (1975) et certains établissements, comme le Musée des arts décoratifs de Montréal (Hanks et Carmel 1990), ont commencé tout récemment à s'intéresser à la vie et aux conceptions des artistes. Les Américains ont également reconnu récemment qu'il y avait une lacune dans la recherche sur l'art au cours de ce siècle, comme le montre la récente publication de l'American Craft Museum, *A Neglected History: 20th Century American Craft*, Kardon, J. et al, N.Y., 1990.
5. Les progrès accomplis dans l'étude de l'art du point de vue anthropologique ont trouvé de nombreuses applications dans l'étude de l'art contemporain dans les sociétés industrialisées, qui est habituellement intégrée à l'histoire de l'art (Geertz, 1976, 1478; Fabian et Szombati-Fabian, 1980, 257).
6. Charles, 1976, 6.
7. Deichmann, 1951, 19.
8. Deichmann, 1951, 17.
9. Je remercie Lis Stainforth, une diplômée de l'Institute of Canadian Studies de l'université Carleton, pour les renseignements qu'elle m'a fournis sur l'histoire de l'artisanat danois.
10. Deichmann, 1937, 5.
11. Deichmann, 1951, 21.
12. On trouve dans Murray, 1984, une description très colorée de ce groupe d'artistes du Nouveau-Brunswick. Karen Herring, de l'Institute of Canadian Studies de l'université Carleton, effectue actuellement une recherche sur l'histoire des «milieux artistiques» de Saint John (Nouveau-Brunswick).
13. Deichmann, 1945.
14. Deichmann, 1985.
15. Baele, 1991, B8.
16. Robert Hughes, dans sa récente série d'essais, décrit la «culture matérielle» à orientation industrielle de cette époque (Hughes 1990).
17. Deichmann, 1945.

Bibliographie

ADAMS, N. «Smithsonian Horizons», *Smithsonian*, janvier 1987, 12.

BAELE, Nancy «Love of Life and Pottery» *Ottawa Citizen*, le 24 janvier 1991, B9-10.

CHARLES, Evelyne «A History of the Guild», *Tactile*, août 1976, 3-6.

DEICHMANN, Erica Manuscrit portant l'inscription «Saint John, New Brunswick, Nov. 24, 1937». Collection particulière d'Erica Deichmann.

DEICHMANN, Kjeld Lettre à Marjorie Davidson, Office national du film du Canada, le 19 juillet 1945. Collection particulière d'Erica Deichmann.

DEICHMANN, Kjeld Notes pour une allocution, v. 1945.

DEICHMANN, Kjeld et Erica «A Study on Canadian Handicrafts with Particular Reference to New Brunswick», manuscrit inédit présenté à la Commission Massey sur les arts, 1951.

FABIAN, Johannes et Ilona SZOMBATI-FABIAN «Folk Art from an Anthropological Perspective», *Perspectives on American Folk Art*, Quimby, I.M.G. et Swank, S. T. (sous la dir. de), New York, W.W. Norton, 1980, 247-292.

FRY, George et Peter THOMAS «The Deichmanns», Entrevue avec Erica Deichmann-Gregg, à l'été 1985. Collection de Fry et Thomas, Fredericton. Enregistrement sonore.

GEERTZ, Clifford «Art as a Cultural System», *Modern Language Notes*, 1976, 91.

GIAMBRUNI, Helen «A.C.C.'s New Museum: Functional Craft to the Back of the Bus?», *Craft International*, avril/juin 1987, 20-21.

HANKS, David A. et Kate CARMEL «A Case Study: Collecting and Documenting Craft at the Montréal Museum of Decorative Art», in Kardon, J. (sous la dir. de), *A Neglected History: 20th Century American Craft*, New York, American Craft Museum, 1990, 32-34.

HUGHES, Robert *Nothing if not Critical: Selected Essays on Art and Artists*, New York, Knopf, 1990.

KARDON, Janet (sous la dir. de) *A Neglected History: 20th Century American Craft*, New York, American Craft Museum, 1990.

MAYS, John Bentley «Drawing that Fine Line Between Art and Craft», *The Globe and Mail*, le 4 février 1986, C5.

MCPHERSON, Anne «Crafts are Conspicuous in Canadian Arts Building Boom», *American Craft*, vol. 50, n° 3, juin/juillet 1990, 20.

MORTIMER, Ann et John CHALK «Canadian Connections/Les Connexions canadiennes: A Ceramic Perspective», texte inédit pour le Conseil canadien de l'artisanat, 1979.

MURRAY, Joan (sous la dir. de) *Daffodils in Winter: The Life and Letters of Pegi Nicol MacLeod*, 1904-1949, Moonbeam (Ontario), Penumbra Press, 1984.

TOWNSHEND, Nancy *The History of Ceramics in Alberta*, Edmonton, Edmonton Art Gallery/Alberta College of Art, 1975.

Technical Notes

The "atmosphere" in a kiln is a key factor in determining what colour a particular glaze will produce during firing.

In an "oxidizing atmosphere" there is an abundance of oxygen in the kiln which allows the clays and glazes to exhibit their "oxide" colours. For example, a copper glaze fired in an "oxidizing atmosphere" will result in a greenish colour.

In a "reducing atmosphere" the amount of oxygen in the kiln is intentionally restricted so as to allow the "metallic" colours to emerge. Thus, the same copper glaze now fired in a "reducing atmosphere" will result in a reddish colour.

An "alternating atmosphere" is one in which the potter modulates the amount of oxygen in the kiln alternately between "oxidation" and "reduction." In such an atmosphere a copper glaze may, for example, produce green colours with areas of red.

Dimensions are given from the largest to the smallest measure, and are in centimetres.

Notes techniques

L'atmosphère d'un four est un des principaux facteurs qui détermine de quelle couleur sera la glaçure après cuisson.

L'atmosphère est oxydante lorsqu'il y a abondance d'oxygène dans le four, ce qui permet aux couleurs «oxydées» de l'argile et des glaçures d'apparaître. Ainsi, une glaçure au cuivre cuite dans une atmosphère oxydante prendra une couleur verdâtre.

Dans une atmosphère réductrice, la quantité d'oxygène dans le four est intentionnellement limitée afin de faire ressortir les couleurs métalliques. Par conséquent, la même glaçure au cuivre cuite cette fois dans une atmosphère réductrice aura une couleur rougeâtre.

Le potier peut faire varier la quantité d'oxygène dans le four faisant ainsi passer l'atmosphère d'oxydante à réductrice, en alternance. Dans une telle atmosphère, la glaçure au cuivre peut par exemple avoir des teintes vertes avec des zones rouges.

Exprimées en centimètres, les dimensions sont indiquées par ordre décroissant de mesure.

THE COLLECTION  LA COLLECTION

Vase, 1938
Local clay, thrown and modelled
Cobalt in iron oxide glaze
Wood-fired (in an alternating
atmosphere)
21.4 x 18.9 diam.
CCFCS 89-279

Vase, 1938
Argile locale, tournée et modelée
Glaçure à l'oxyde de fer avec cobalt
Cuisson au bois (atmosphère
oxydante et réductrice en
alternance)
21,4 x 18,9 diam.
CCECT 89-279

32

 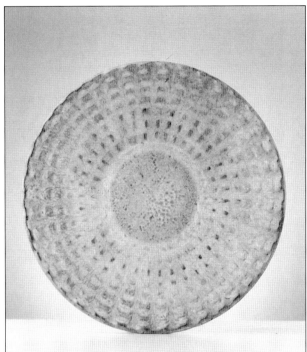 

Sophisticated Sophia *(head),*
1938
Vitrified local clay, modelled
High-fired (in a partially
oxidizing, partially reducing
atmosphere)
17.5 x 17.5 x 15
CCFCS 89-266

Sophia la sophistiquée *(tête),*
1938
Argile locale vitrifiée, modelée
Haute température (atmosphère
partiellement oxydante et
partiellement réductrice)
17,5 x 17,5 x 15
CCECT 89-266

Plant dish, c. 1941
Vitrified local clay
Wood-fired
21.8 x 3.3 diam.
CCFCS 89-267

Assiette à plantes, vers 1941
Argile locale vitrifiée
Cuisson au bois
21,8 x 3,3 diam.
CCECT 89-267

Bowl, c. 1942
Vitrified local clay
Cupric underglaze
Alkaline tin glaze
Alternating firing (in an oxidizing
and a reducing atmosphere)
17.9 x 12.8 diam. x 5.7
CCFCS 89-224
Gift of Mrs. Erica Deichmann-Gregg

Bol, vers 1942
Argile locale vitrifiée
Engobe à l'oxyde de cuivre
Glaçure alcaline à base d'étain
Cuisson en atmosphère oxydante et
réductrice en alternance
17,9 x 12,8 diam. x 5,7
CCECT 89-224
Don de Mᵐᵉ Erica Deichmann-Gregg

"Kish" bowl, 1942
Stoneware with nepheline syenite,
partially modelled
Iron oxide glaze
13.5 diam. x 9.3
CCFCS 89-225
Gift of Mrs. Erica Deichmann-Gregg

Bol de Kish, 1942
Grès avec syénite néphélinique,
partiellement modelé
Glaçure à l'oxyde de fer
13,5 diam. x 9,3
CCECT 89-225
Don de Mme Erica Deichmann-Gregg

We called this a "kish" bowl
because it was inspired by the
archaeological excavations at Kish.
It was made in 1942 from clay
found in the Musquodoboit Valley,
Nova Scotia. The glaze contains
iron oxide and other minerals. All
through the years we were keen to
capture the fleeting effects of nature,
such as the wild colours of grasses
and seed pods, birds' eggs, etc.
    Erica Deichmann-Gregg

Nous avons donné à ce bol le nom
de «bol de Kish» parce que nous
nous sommes inspirés de pièces
trouvées lors des fouilles
archéologiques à Kish. Il a été fait
en 1942 avec de l'argile trouvée
dans la vallée de Musquodoboit, en
Nouvelle-Écosse. La glaçure
contient de l'oxyde de fer et
d'autres minéraux. Au fil des ans,
nous nous sommes toujours efforcés
de saisir les créations éphémères de
la nature, telles que les couleurs
sauvages des herbes et des gousses,
des œufs d'oiseaux, etc.
    Erica Deichmann-Gregg

The Turning Point:
The Deichmann Pottery, 1935–1963

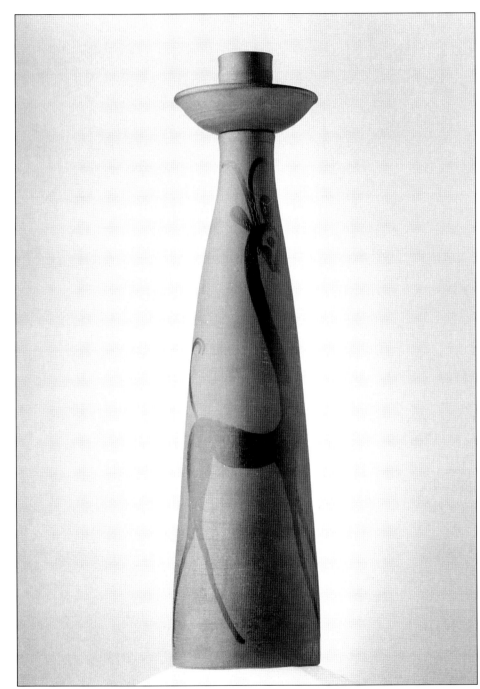

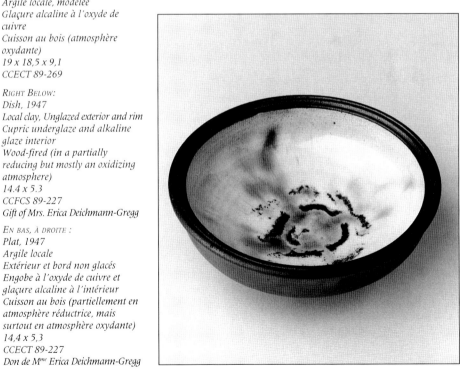

Left:
Candlestick, c. 1947
Stoneware, thrown
Cobalt underglaze, glaze water
Oil-fired
39.6 x 9.7 diam.
CCFCS 89-270

À gauche :
Chandelier, vers 1947
Grès, tourné
Engobe au cobalt, glaçure à l'eau
Cuisson au mazout
39,6 x 9,7 diam.
CCECT 89-270

Right:
Horse, 1946
Local clay, modelled
Alkaline glaze with cupric oxide
Wood-fired (in an oxidizing atmosphere)
19 x 18.5 x 9.1
CCFCS 89-269

À droite:
Cheval, 1946
Argile locale, modelée
Glaçure alcaline à l'oxyde de cuivre
Cuisson au bois (atmosphère oxydante)
19 x 18,5 x 9,1
CCECT 89-269

Right Below:
Dish, 1947
Local clay, Unglazed exterior and rim
Cupric underglaze and alkaline glaze interior
Wood-fired (in a partially reducing but mostly an oxidizing atmosphere)
14.4 x 5.3
CCFCS 89-227
Gift of Mrs. Erica Deichmann-Gregg

En bas, à droite :
Plat, 1947
Argile locale
Extérieur et bord non glacés
Engobe à l'oxyde de cuivre et glaçure alcaline à l'intérieur
Cuisson au bois (partiellement en atmosphère réductrice, mais surtout en atmosphère oxydante)
14,4 x 5,3
CCECT 89-227
Don de Mme Erica Deichmann-Gregg

LEFT:
Plate, c. 1950
Stoneware, thrown
Cobalt underglaze
Magnesium glaze
Oil-fired
28.7 diam. x 4.4
CCFCS 89-271

À GAUCHE :
Assiette, vers 1950
Grès, tourné
Engobe au cobalt
Glaçure au magnésium
Cuisson au mazout
28,7 diam. x 4,4
CCECT 89-271

BELOW:
Covered jar, 1954
Stoneware, thrown
Cupric oxide alkaline glaze
15.8 x 8.3 diam.
CCFCS 89-229.1-2
Gift of Mrs. Erica Deichmann-Gregg

EN BAS :
Pot avec couvercle, 1954
Grès, tourné
Glaçure alcaline à l'oxyde de cuivre
15,8 x 8,3 diam.
CCECT 89-229.1-2
Don de Mme Erica Deichmann-Gregg

This is a plate with an interesting cobalt underglaze of an animal with long horns and rather expressive legs. The clay body is stoneware with a magnesium glaze. It was made and fired in an oil-burning kiln around 1950. Karsh photographed it when he came to see us. I don't know if he still has the photograph or not. It would be interesting if he does.
　　Erica Deichmann-Gregg

Voici une assiette avec une engobe au cobalt qui représente un animal à longues cornes et aux pattes assez expressives. Le corps est en grès avec une glaçure au magnésium. Cette assiette a été faite et cuite dans un four à mazout vers 1950. Karsh l'a photographiée quand il est venu nous voir. Je ne sais pas s'il a gardé la photographie ou non. Ce serait intéressant qu'il l'ait encore.
　　Erica Deichmann-Gregg

The Turning Point:
The Deichmann Pottery, 1935–1963

Three-piece accident, between 1950 and 1955
Stoneware, thrown and modelled
Glazes of iron, copper and chromium, magnesium
Probably gas-fired (in an alternating atmosphere)
18 x 15.5 x 8.8
CCFCS 89-275

Pièce en trois parties, entre 1950 et 1955
Grès, tourné et modelé
Glaçures aux oxydes de fer, cuivre, chrome et magnésium
Cuisson au gaz, probablement (atmosphère oxydante et réductrice en alternance)
18 x 15,5 x 8,8
CCECT 89-275

Covered jar, between 1950 and 1955
Stoneware, thrown
Iron oxide glaze
Oil- or gas-fired (in an alternating atmosphere)
13.2 x 7.8 diam.
CCFCS 89-274.1-2

Pot avec couvercle, entre 1950 et 1955
Grès, tourné
Glaçure à l'oxyde de fer
Cuisson au mazout ou au gaz (atmosphère réductrice et oxydante en alternance)
13,2 x 7,8 diam.
CCECT 89-274.1-2

Mug, 1956 or 1957
Stoneware, thrown
Chromium slip and scraffito design
Chromium and iron glaze
Fired in a reducing atmosphere
11.9 x 6.8 diam.
CCFCS 89-273

Tasse, 1956 ou 1957
Grès, tourné
Barbotine chromifère et décor gravé
Glaçure chromifère et ferrifère
Cuisson en atmosphère réductrice
11,9 x 6,8 diam.
CCECT 89-273

Bowl, 1955
Stoneware, thrown
Copper carbonate glaze, probably
with barium
27 x 15.5 diam.
CCFCS 89-244
Gift of Mrs. Erica Deichmann-Gregg

Bol, 1955
Grès, tourné
Glaçure au carbonate de cuivre
avec du baryum probablement
27 x 15,5 diam.
CCECT 89-244
Don de Mme Erica Deichmann-Gregg

This is a solid, strong animal with a deeply cut body design and large
ears. I modelled it probably around 1957. It was gas-fired in a reducing
atmosphere, and it has magnesium and some iron oxide in its glaze.
    Erica Deichmann-Gregg

*Nous avons ici un animal puissant et massif, aux grandes oreilles, dont le
corps est décoré en creux. Je l'ai probablement modelé vers 1957. Il a été
cuit au four à gaz en atmosphère réductrice, et sa glaçure contient du
magnésium et un peu d'oxyde de fer.*
    Erica Deichmann-Gregg

Globular vase, between 1955 and 1963
Stoneware, thrown
Magnesium carbonate glaze
16.5 x 9.5
CCFCS 89-235
Gift of Mrs. Erica Deichmann-Gregg

Vase (with round, narrow neck),
c. 1959
Stoneware, thrown
Magnesium carbonate glaze
17.5 x 5.7 diam.
CCFCS 89-236
Gift of Mrs. Erica Deichmann-Gregg

Vase en forme de globe, entre 1955
et 1963
Grès, tourné
Glaçure au carbonate de magnésium
16,5 x 9,5
CCECT 89-235
Don de Mᵐᵉ Erica Deichmann-Gregg

Vase au col cylindrique et étroit,
vers 1959
Grès, tourné
Glaçure au carbonate de
magnésium
17,5 x 5,7 diam.
CCECT 89-236
Don de Mᵐᵉ Erica Deichmann-Gregg

Miniature jug, between 1955 and
1963
Stoneware, thrown
Magnesium carbonate glaze
9 x 3 diam.
CCFCS 89-237
Gift of Mrs. Erica Deichmann-Gregg

Cruche miniature, entre 1955 et
1963
Grès, tourné
Glaçure au carbonate de
magnésium
9 x 3 diam.
CCECT 89-237
Don de Mᵐᵉ Erica Deichmann-Gregg

Pedestal covered jar, between 1955
and 1963
Stoneware, thrown
Magnesium carbonate glaze
12.8 x 10.1 diam.
CCFCS 89-238.1-2
Gift of Mrs. Erica Deichmann-Gregg

Pot sur pied avec couvercle, entre
1955 et 1963
Grès, tourné
Glaçure au carbonate de
magnésium
12,8 x 10,1 diam.
CCECT 89-238.1-2
Don de Mᵐᵉ Erica Deichmann-Gregg

Five bird figures, between 1955
and 1963
Stoneware, modelled
Assorted glazes (including
magnesium, iron, chrome, cupric
oxide)
5.5 x 5.3 x 3 CCFCS 89-239
5.2 x 4.8 x 3.5 CCFCS 89-240
4.3 x 4.2 x 3.1 CCFCS 89-241
7.2 x 6.2 x 5.5 CCFCS 89-242
10.8 x 7.2 x 6.6 CCFCS 89-243
Gifts of Mrs. Erica Deichmann-Gregg

Cinq bibelots en forme d'oiseaux,
entre 1955 et 1963
Grès, modelé
Glaçures variées (dont aux oxydes
de magnésium, fer, chrome, cuivre)
5,5 x 5,5 x 3 CCECT 89-239
5,2 x 4,8 x 3,5 CCECT 89-240
4,3 x 4,2 x 3,1 CCECT 89-241
7,2 x 6,2 x 5,5 CCECT 89-242
10,8 x 7,2 x 6,6 CCECT 89-243
Dons de Mᵐᵉ Erica Deichmann-Gregg

The Turning Point:
The Deichmann Pottery, 1935–1963

Le Tournant
La poterie Deichmann, 1935–1963

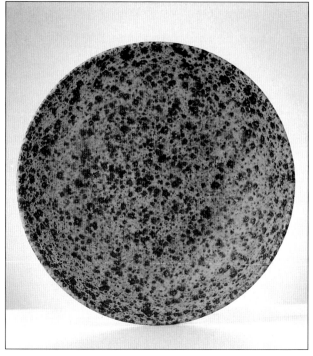

The Turning Point:
The Deichmann Pottery, 1935–1963

Lamp base, between 1955 and 1963
Stoneware, thrown
Cobalt and copper glaze
Possibly gas-fired (in an oxidizing atmosphere)
27.4 x 12.4 x 2.6 diam.
CCFCS 89-250
Gift of Mrs. Erica Deichmann-Gregg

Pied de lampe, entre 1955 et 1963
Grès, tourné
Glaçure au cobalt et au cuivre
Cuisson au gaz, peut-être (atmosphère oxydante)
27,4 x 12,4 x 2,6 diam.
CCECT 89-250
Don de Mme Erica Deichmann-Gregg

Lamp base, between 1955 and 1963
Stoneware, thrown
Iron, chromium and cobalt glaze
Gas-fired (in a reducing atmosphere)
31 x 16.1 diam.
CCFCS 89-251
Gift of Mrs. Erica Deichmann-Gregg

Pied de lampe, entre 1955 et 1963
Grès, tourné
Glaçure aux oxydes de fer, chrome et cobalt
Cuisson au gaz (atmosphère réductrice)
31 x 16,1 diam.
CCECT 89-251
Don de Mme Erica Deichmann-Gregg

Bowl, c. 1959
Porcelain, thrown
Cobalt oxide and copper carbonate glaze
Gas-fired (in a reducing atmosphere)
14 x 12 x 4.5 diam.
CCFCS 89-252
Gift of Mrs. Erica Deichmann-Gregg

Bol, vers 1959
Porcelaine, tournée
Glaçure à l'oxyde de cobalt et au carbonate de cuivre
Cuisson au gaz (atmosphère réductrice)
14 x 12 x 4,5 diam.
CCECT 89-252
Don de Mme Erica Deichmann-Gregg

*Tall pitcher (no handle), between
1955 and 1963
Porcelain, thrown
Copper-blue glaze
Gas-fired (in a reducing atmos-
phere)
26.8 x 10.2 diam.
CCFCS 89-254
Gift of Mrs. Erica Deichmann-Gregg*

*Grand pichet (sans anse), entre
1955 et 1963
Porcelaine, tournée
Glaçure bleue au carbonate de
cuivre
Cuisson au gaz (atmosphère
réductrice)
26,8 x 10,2 diam.
CCECT 89-254
Don de Mme Erica Deichmann-Gregg*

The Turning Point:
The Deichmann Pottery, 1935–1963

Bowl, between 1959 and 1962
Porcelain, thrown
Copper carbonate glaze
Gas-fired (in an alternating
atmosphere)
24.5 x 12.8
CCFCS 89-253
Gift of Mrs. Erica Deichmann-Gregg

Bol, entre 1959 et 1962
Porcelaine, tournée
Glaçure au carbonate de cuivre
Cuisson au gaz (atmosphère
oxydante et réductrice en alternance)
24,5 x 12,8
CCECT 89-253
Don de M*me* Erica Deichmann-Gregg

Vase, between 1955 and 1963
Porcelain, thrown
Tin oxide and copper glaze (with
some reduction)
12.3 x 7.9 diam.
CCFCS 89-258
Gift of Mrs. Erica Deichmann-Gregg

Vase, entre 1955 et 1963
Porcelaine, tournée
Glaçure à l'oxyde d'étain et de
cuivre
Atmosphère un peu réductrice
12,3 x 7,9 diam.
CCECT 89-258
Don de M*me* Erica Deichmann-Gregg

Vase, c. 1962
Porcelain, thrown
Tin oxide and copper glaze (in a
reducing atmosphere)
16.7 x 5.4 diam.
CCFCS 89-259
Gift of Mrs. Erica Deichmann-Gregg

Vase, vers 1962
Porcelaine, tournée
Glaçure à l'oxyde d'étain et de
cuivre (atmosphère réductrice)
16,7 x 5,4 diam.
CCECT 89-259
Don de M*me* Erica Deichmann-Gregg

Small vase, between 1955 and
1963
Porcelain, thrown
Copper carbonate glaze
10.4 diam. x 7.3
CCFCS 89-260
Gift of Mrs. Erica Deichmann-Gregg

Petit vase, entre 1955 et 1963
Porcelaine, tournée
Glaçure au carbonate de cuivre
10,4 diam. x 7,3
CCECT 89-260
Don de M*me* Erica Deichmann-Gregg

Lamp base with animal decoration, c. 1959
Stoneware, thrown
Copper, chromium and cobalt slips, with magnesium glaze
Gas-fired (in a reducing atmosphere)
32.3 x 15.8 diam.
CCFCS 89-278

Pied de lampe à décor d'animal, vers 1959
Grès, tourné
Barbotine au cuivre, chrome et cobalt avec glaçure au magnésium
Cuisson au gaz (atmosphère réductrice)
32,3 x 15,8 diam.
CCECT 89-278

Pendant necklace with face decoration, between 1959 and 1963
Porcelain, modelled, with buck beads
Unglazed, but with cobalt decoration
Gas-fired
70 x 43.5 x 5.5 diam.
CCFCS 89-281

Collier avec pendentif représentant un visage, entre 1959 et 1963
Porcelaine, modelée, et perles de sarrasin
Non émaillé, mais avec décoration au cobalt
Cuisson au gaz
70 x 43,5 x 5,5 diam.
CCECT 89-281

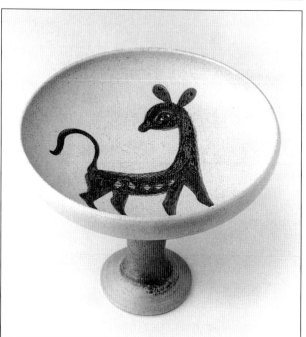

Pedestal dish with animal design, between 1959 and 1963
Stoneware, thrown
Copper-blue glaze
Gas-fired (in an oxidizing atmosphere)
19 diam. x 15.6
CCFCS 89-280

Compotier décoré d'un animal, entre 1959 et 1963
Grès, tourné
Glaçure bleue au carbonate de cuivre
Cuisson au gaz (atmosphère oxydante)
19 diam. x 15,6
CCECT 89-280

Little sheep figure, between 1959 and 1963
Stoneware, modelled
Tin glaze with copper carbonate
Gas-fired (in an oxidizing atmosphere)
13 x 10.3 x 6.5
CCFCS 89-282

Petit mouton, entre 1959 et 1963
Grès, modelé
Glaçure à l'oxyde d'étain avec du carbonate de cuivre
Cuisson au gaz (atmosphère oxydante)
13 x 10,3 x 6,5
CCECT 89-282

The Turning Point:
The Deichmann Pottery, 1935–1963

Pedestal vase, c. 1957
Stoneware, thrown
Magnesium carbonate pebble glaze
Gas-fired (in a reducing atmos-
phere)
18.5 x 18.5 x 15.5 diam.
CCFCS 89-231
Gift of Mrs. Erica Deichmann-Gregg

Vase sur pied, vers 1957
Grès, tourné
Glaçure granitée au carbonate de
magnésium
Cuisson au gaz (atmosphère
réductrice)
18,5 x 18,5 x 15,5 diam.
CCECT 89-231
Don de Mme Erica Deichmann-Gregg

47

Le Tournant
La poterie Deichmann, 1935–1963

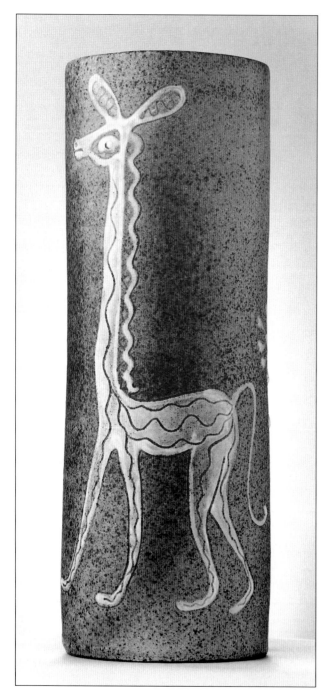

Vase, between 1959 and 1963
Stoneware, thrown
Magnesium glaze
Gas-fired (in an oxidizing
atmosphere)
22.7 x 8.2 diam.
CCFCS 89-283
(Two views of the vase)

Vase, entre 1959 et 1963
Grès, tourné
Glaçure au magnésium
Cuisson au gaz (atmosphère
oxydante)
22,7 x 8,2 diam.
CCECT 89-283
(Deux vues des motifs)

The Turning Point:
The Deichmann Pottery, 1935–1963

ABOVE:
Dish, between 1959 and 1963
Porcelain, thrown
Cobalt underglaze, face design in
magnesium carbonate
Gas-fired (in an alternating
atmosphere)
11 diam. x 2
CCFCS 89-284

EN HAUT:
Assiette, entre 1959 et 1963
Porcelaine, tournée
Engobe au cobalt et dessin de
visage au carbonate de magnésium
Cuisson au gaz (atmosphère tantôt
oxydante, tantôt réductrice)
11 diam. x 2
CCECT 89-284

RIGHT:
Bowl with animal design, between
1961 and 1962
Stoneware, thrown
Copper carbonate glaze
Gas-fired (in a reducing atmos-
phere)
21.2 diam. x 15
CCFCS 89-265

À DROITE :
Bol décoré d'un animal, entre
1961 et 1962
Grès, tourné
Glaçure au carbonate de cuivre
Cuisson au gaz (atmosphère
réductrice)
21,2 diam. x 15
CCECT 89-265

49

Le Tournant
La poterie Deichmann, 1935–1963

Tile with horse, 1963
Stoneware
Magnesium and iron oxide glaze
Gas-fired
20 x 20 x 0.8
CCFCS 89-262
Gift of Mrs. Erica Deichmann-Gregg

Carreau avec cheval, 1963
Grès
Glaçure aux oxydes de magnésium
et de fer
Cuisson au gaz
20 x 20 x 0,8
CCECT 89-262
Don de Mme Erica Deichmann-Gregg

RIGHT:
"Goofus"animal figure, 1963
Porcelain, modelled
Manganese cobalt glaze
Gas-fired (in a reducing atmosphere)
21.1 x 16.2 x 8.9
CCFCS 89-289

À DROITE :
«Goofus», 1963
Porcelaine, modelée
Glaçure au manganèse et au cobalt
Cuisson au gaz (atmosphère réductrice)
21,1 x 16,2 x 8,9
CCECT 89-289

BELOW:
Bowl, between 1961 and 1963
Porcelain, thrown
Copper carbonate glaze
Gas-fired (in a totally reducing atmosphere)
15 x 9.6
CCFCS 89-286

EN BAS :
Bol, entre 1961 et 1963
Porcelaine, tournée
Glaçure au carbonate de cuivre
Cuisson au gaz (atmosphère totalement réductrice)
15 x 9,6
CCECT 89-286

Dish with botanical design, between 1961 and 1963
Porcelain, thrown
Copper carbonate glaze
Gas-fired (in an oxidizing atmosphere)
14.1 diam. x 3.2
CCFCS 89-287

Assiette avec décor floral, entre 1961 et 1963
Porcelaine, tournée
Glaçure au carbonate de cuivre
Cuisson au gaz (atmosphère oxydante)
14,1 diam. x 3,2
CCECT 89-287

Le Tournant
La poterie Deichmann, 1935–1963

Tall flared vase, 1963
Stoneware, thrown
Copper in cobalt glaze
Gas-fired (in a reducing atmosphere)
53.3 x 28.2 diam.
CCFCS 89-263
Gift of Mrs. Erica Deichmann-Gregg

Grand vase, 1963
Grès, tourné
Glaçure au cobalt avec soupçon de cuivre
Cuisson au gaz (atmosphère réductrice)
53,3 x 28,2 diam.
CCECT 89-263
Don de Mᵐᵉ Erica Deichmann-Gregg

Made in 1963, this is a tall, flared stoneware vase in a cobalt glaze. Manganese ore in the body makes it a very sturdy piece. It was fired in a reducing atmosphere. A tiny bit of copper blush was purposely glazed in the light upper-central section. It is a really well-proportioned piece.
Erica Deichmann-Gregg

Réalisé en 1963, ce grand vase en grès est recouvert d'une glaçure au cobalt. La présence de manganèse dans le corps en fait une pièce très massive. Elle a été cuite en atmosphère réductrice. La partie centrale du haut du vase a été délibérément recouverte d'une glaçure contenant un soupçon de cuivre. Cette pièce est vraiment bien proportionnée.
Erica Deichmann-Gregg

52

Tall vase, 1963
Porcelain, thrown
Unglazed
Bisque-fired
50 x 27
CCFCS 89-264
Gift of Mrs. Erica Deichmann-Gregg

Grand vase, 1963
Porcelaine, tournée
Non émaillé
Dégourdi
50 x 27
CCECT 89-264
Don de Mme Erica Deichmann-Gregg

I don't know how to describe the
shape of this. I think it is like a
drop—a tall, drop-shaped vase in
unglazed porcelain. It was made in
1963 and just bisque-fired.
    Erica Deichmann-Gregg

Je ne sais pas comment vous décrire
la forme de cette pièce qui date de
1963. Je dirais qu'elle ressemble à
une goutte, un grand vase de
porcelaine non émaillée en forme
de goutte. Elle a simplement été
dégourdie.
    Erica Deichmann-Gregg

53

Teapot, c. 1942
Local clay, thrown
Copper glaze
Alternating firing (in an oxidizing and a reducing atmosphere)
24 x 22
CCFCS 89-268.1-2

Théière, vers 1942
Argile locale, tournée
Glaçure à l'oxyde de cuivre
Cuisson en atmosphère oxydante et réductrice en alternance
24 x 22
CCECT 89-268.1-2

At one time this teapot belonged to Madge Smith, who was quite an important promoter of the arts in New Brunswick. We had given it to her for Christmas one year, and shortly before her death she gave it back to me, as she did with several other pieces. It was made around 1942 using Kingston Peninsula clay. Both the pot and its interesting lid were wheel-thrown. The glaze is copper, which takes its colour partly from the oxidizing atmosphere and partly from the reducing atmosphere, making it both turquoise and copper-red in colour. The handle is conceptually fine and strong. Kjeld was quite well known for the handles he made.
 Erica Deichmann-Gregg

Cette théière a déjà appartenu à Madge Smith qui a beaucoup encouragé les arts au Nouveau-Brunswick. Une année, nous la lui avions donnée pour Noël et, peu de temps avant sa mort, elle me l'a rendue avec plusieurs autres pièces. Elle a été faite vers 1942 avec de l'argile de la péninsule de Kingston. La théière ainsi que son intéressant couvercle ont été tournés. La glaçure à base de cuivre tire sa couleur turquoise et cuivrée de l'atmosphère partiellement réductrice et partiellement oxydante. L'anse est conçue de manière à être à la fois fine et résistante. Kjeld était très bien connu pour les anses qu'il faisait.
 Erica Deichmann-Gregg

The Turning Point:
The Deichmann Pottery, 1935–1963

Vase, 1942
Stoneware
Iron and tin oxide glaze
Wood-fired (in an oxidizing
atmosphere)
29.8 x 13.1 diam.
CCFCS 89-226
Gift of Mrs. Erica Deichmann-Gregg

Vase, 1942
Grès
Glaçure ferrifère et stannifère
Cuisson au bois (atmosphère
oxydante)
29,8 x 13,1 diam.
CCECT 89-226
Don de Mme Erica Deichmann-Gregg

This is a narrow-necked vase
which was made thicker than
usual in order to allow Kjeld to
carve the surface when it was
leather-hard. This one, made in
1942, is beautifully fluted. It is
made of dark stoneware and has
an iron and tin glaze. It was
oxidized in a wood-burning kiln.
As with the "kish" bowl, the iron
oxide combined with other
minerals in the glaze to make a
mellow yellow.
  Erica Deichmann-Gregg

Voici un vase à col effilé, plus épais
que d'ordinaire. Kjeld a pu ainsi
en graver la surface quand elle
avait la consistance du cuir. Ce
vase, fait en 1942, est magnifique-
ment strié. Il est fait de grès sombre
et recouvert d'une glaçure ferrifère
et stannifère. Il a été oxydé dans un
four à bois et, comme pour le «bol
de Kish», l'oxyde de fer s'est
mélangé aux autres minéraux dans
la glaçure pour donner une patine
jaune.
  Erica Deichmann-Gregg

Jug, 1946
Local clay, thrown
Alkaline clay with cupric oxide
Wood-fired (mostly in an oxidizing
atmosphere, with some reduction)
14.7 x 13
CCFCS 89-228
Gift of Mrs. Erica Deichmann-Gregg

Pichet, 1946
Argile locale, tournée
Glaçure alcaline à l'oxyde de
cuivre
Cuisson au bois (principalement en
atmosphère oxydante, et
brièvement en atmosphère
réductrice)
14,7 x 13
CCECT 89-228
Don de Mᵐᵉ Erica Deichmann-Gregg

This jug was made in 1946 of
Kingston Peninsula clay. It has an
alkaline glaze with cupric [copper]
oxide, which gives it the turquoise
colour. It was fired with driftwood
that we believe had a little bit of
salt in it, and that is partly why
the jug has a pitted texture. It was
fired mostly in an oxidizing
atmosphere, but with a little bit of
reduction, as is evident at the top
lip.
    Erica Deichmann-Gregg

Ce pichet a été fait en 1946 avec de
l'argile de la péninsule de
Kingston. Il est recouvert d'une
glaçure alcaline contenant de
l'oxyde de cuivre qui lui donne la
couleur turquoise. Il a été cuit dans
un four alimenté avec du bois flotté
qui, selon nous, renfermait un petit
peu de sel et c'est en partie
pourquoi le pichet a une surface
grêlée. Il a été cuit principalement
en atmosphère oxydante, mais
aussi un tout petit peu en
atmosphère réductrice, ce qui
apparaît nettement au rebord
supérieur.
    Erica Deichmann-Gregg

Coffee pot, 1956 or 1957
Stoneware, thrown
Copper carbonate glaze
Gas-fired (in a totally reducing
atmosphere)
22.1 x 20.6
CCFCS 89.245.1-2
Gift of Mrs. Erica Deichmann-Gregg

Cafetière, 1956 ou 1957
Grès, tourné
Glaçure au carbonate de cuivre
Cuisson au gaz (atmosphère
complètement réductrice)
22,1 x 20,6
CCECT 89.245.1-2
Don de Mᵐᵉ Erica Deichmann-Gregg

This is a stoneware coffee pot,
probably made around 1956 or
1957. Its copper-red colour comes
from copper carbonate in the glaze
and a totally reducing gas firing in
the kiln. It is very much like the
one we did for Queen Elizabeth in
1952, except that hers was light
copper-blue in colour.
    Erica Deichmann-Gregg

Nous avons ici une cafetière en
grès, probablement faite en 1956
ou 1957. Sa couleur rouge cuivre
provient du carbonate de cuivre
contenu dans la glaçure et de la
cuisson en atmosphère totalement
réductrice dans le four à gaz. Elle
ressemble beaucoup à celle que
nous avons faite pour la reine
Élisabeth en 1952, sauf que cette
dernière cafetière avait une couleur
bleu pâle.
    Erica Deichmann-Gregg

This piece is a heavy wheel-thrown stoneware vase with an animal and botanical decoration in quite a thick slip, and a deep scraffito as well. It's made of Musquodoboit clay. The glaze is iron and cobalt, and it was gas-fired. It is quite a heavy piece that could hold fantastic bouquets because it wouldn't tip.
Erica Deichmann-Gregg

Il s'agit ici d'un vase massif en grès fait au tour. Le décor d'animaux et de végétation a été réalisé à la barbotine assez épaisse et gravé. Il est fait avec de l'argile de Musquodoboit. La glaçure contient du fer et du cobalt et la pièce a été cuite dans un four à gaz. Ce vase assez lourd pourrait contenir d'énormes bouquets sans se renverser.
Erica Deichmann-Gregg

The Turning Point:
The Deichmann Pottery, 1935–1963

59

Le Tournant
La poterie Deichmann, 1935–1963

Pitcher, c. 1962
Stoneware, thrown
Magnesium carbonate pebble glaze
Oil- or gas-fired
21.3 x 15.2 x 10.1 diam.
CCFCS 89-233
Gift of Mrs. Erica Deichmann-Gregg

Pichet, vers 1962
Grès, tourné
Glaçure granitée au carbonate de
magnésium
Cuisson au mazout ou au gaz
21,3 x 15,2 x 10,1 diam.
CCECT 89-233
Don de M*me* Erica Deichmann-Gregg

Bowl, between 1955 and 1963
Stoneware, thrown
Magnesium carbonate glaze (with
iron and chromium)
16.3 x 9.4
CCFCS 89-232
Gift of Mrs. Erica Deichmann-Gregg

Bol, entre 1955 et 1963
Grès, tourné
Glaçure au carbonate de
magnésium (avec fer et chrome)
16,3 x 9,4
CCECT 89-232
Don de M*me* Erica Deichmann-Gregg

Pedestal vase, between 1955 and
1963
Stoneware, thrown
Magnesium carbonate pebble glaze
Gas- or oil-fired (probably gas)
25.3 x 16
CCFCS 89-234
Gift of Mrs. Erica Deichmann-Gregg

Vase sur pied, entre 1955 et 1963
Grès, tourné
Glaçurè granitée au carbonate de
magnésium
Cuisson au mazout ou
probablement au gaz
25,3 x 16
CCECT 89-234
Don de M*me* Erica Deichmann-Gregg

Decanter with wooden stopper,
between 1956 and 1963
Stoneware, thrown
Magnesium carbonate glaze
Oil-fired
25 x 12
CCFCS 89-230.1-2
Gift of Mrs. Erica Deichmann-Gregg

Carafe avec bouchon en bois, entre
1956 et 1963
Grès, tourné
Glaçure au carbonate de
magnésium
Cuisson au mazout
25 x 12
CCECT 89-230.1-2
Don de M*me* Erica Deichmann-Gregg

Bowl, between 1955 and 1963
Porcelain, thrown
Cobalt-blue glaze
Fired in direct flame
16.4 diam. x 12
CCFCS 89-255
Gift of Mrs. Erica Deichmann-Gregg

Bol, entre 1955 et 1963
Porcelaine, tournée
Glaçure bleu cobalt
Cuisson en pleine flamme
16,4 diam. x 12
CCECT 89-255
Don de Mme Erica Deichmann-Gregg

Bowl with lid, c. 1962
Porcelain, thrown
Dark blue cobalt glaze
Gas-fired (in an oxidizing
atmosphere)
12.2 x 10.8 diam.
CCFCS 89-256. 1-2
Gift of Mrs. Erica Deichmann-Gregg

Bol avec couvercle, vers 1962
Porcelaine, tournée
Glaçure au cobalt bleu foncé
Cuisson au gaz (atmosphère
oxydante)
12,2 x 10,8 diam.
CCECT 89-256. 1-2
Don de Mme Erica Deichmann-Gregg

Vase with narrow neck, c. 1962
Porcelain, thrown
Dark cobalt-blue glaze
21.7 x 14.1 diam.
CCFCS 89-257
Gift of Mrs. Erica Deichmann-Gregg

Vase à col étroit, vers 1962
Porcelaine, tournée
Glaçure bleu foncé au cobalt
21,7 x 14,1 diam.
CCECT 89-257
Don de Mme Erica Deichmann-Gregg

Plate, between 1959 and 1963
Porcelain, thrown
Cobalt underglaze and scraffito
mermaid
Gas-fired (in an oxidizing
atmosphere)
21.2 diam. x 3
CCFCS 89-285

Assiette, entre 1959 et 1963
Porcelaine, tournée
Engobe au cobalt et sirène gravée
Cuisson au gaz (atmosphère
oxydante)
21,2 diam. x 3
CCECT 89-285

I've always been fascinated by
stories and legends about the
mermaid. I've made figures of
them, and they decorate my
pendants and little dishes. This
porcelain hanging plate is a great
favourite of mine. The hair has a
feeling of waves and water. The
mermaid is a cobalt underglaze
with scraffito design.
        Erica Deichmann-Gregg

J'ai toujours été fascinée par les
histoires et les légendes qui parlent
de sirènes. J'en ai fait des figurines
qui décorent mes pendentifs
et j'en ai décoré de petites
assiettes. Cette assiette murale en
porcelaine est l'une de mes
préférées. La chevelure rappelle les
vagues et l'eau. La sirène a été
gravée dans une engobe au cobalt.
        Erica Deichmann-Gregg

The Turning Point:
The Deichmann Pottery, 1935–1963

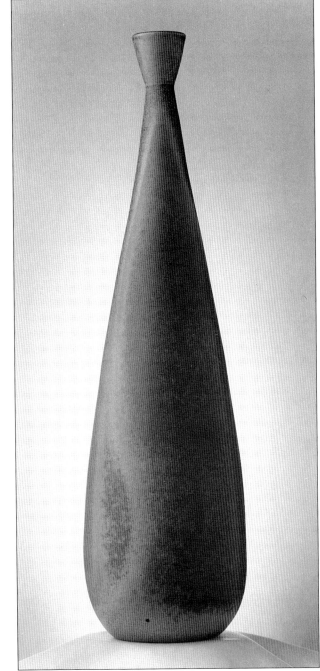

Tall flank shape, between 1961 and 1963
Porcelain, thrown
Chromium and copper glaze
Gas fired (in an oxidizing atmosphere)
31.7 x 8.8 diam.
CCFCS 89-288

Pièce allongée, entre 1961 et 1963
Porcelaine, tournée
Glaçure au chrome et au cuivre
Cuisson au gaz (atmosphère oxydante)
31,7 x 8,8 diam.
CCECT 89-288

Tall slender pitcher, 1963
Porcelain, thrown
Copper carbonate glaze (in an oxidizing atmosphere)
35 x 9.2 diam.
CCFCS 89-261
Gift of Mrs. Erica Deichmann-Gregg

Grand pichet allongé, 1963
Porcelaine, tournée
Glaçure au carbonate de cuivre (atmosphère oxydante)
35 x 9,2 diam.
CCECT 89-261
Don de Mme Erica Deichmann-Gregg

This tall, slender porcelain pitcher was inspired by the snake goddess on the island of Crete. It was made in 1963, and the glaze is a copper carbonate one, fired in an oxidizing atmosphere. It has no handle, giving it a snake-like appearance.
    Erica Deichmann-Gregg

Ce grand pichet allongé en porcelaine a été inspiré de la déesse serpent de la Crète. Il date de 1963 et est recouvert d'une glaçure au carbonate de cuivre. Il a été cuit en atmosphère réductrice. L'absence d'anse le fait ressembler à un serpent.
    Erica Deichmann-Gregg

Deichmann Exhibitions, Shows and Demonstrations

1937   World's Fair in Paris

1938   Glasgow Exhibition

1939   World's Fair in New York City

Sportsmen's Show in New York City at Grand Central Palace as part of a New Brunswick exhibit

1940   Art in Action Show, Fredericton, New Brunswick

The Toronto Art Gallery

The Saint Helen's Island Fair, Montréal

1946   Canadian Guild of Potters exhibit at the Art Gallery of Toronto

1947   Canadian National Exhibition, Toronto

1949   Canadian National Exhibition, Toronto (four first prizes, including best in show and best glaze in show)

1951   Canadian National Exhibition, Toronto (first prize for pottery)

1952   Syracuse, New York
The Rockefeller Center, New York City (demonstration)

1953   Canadian Crafts Exhibition at the Art Gallery of Toronto

1955   **Twenty Years of Ceramics: Retrospective of Deichmann Pottery**, the New Brunswick Museum

Canadian Ceramics 1955, the Royal Ontario Museum, Toronto

1956   Fiftieth Anniversary Exhibition of the Canadian Handicrafts Guild, Montréal (first prize in pottery)

1957   First National Fine Crafts Exhibition, National Gallery of Canada, Ottawa

Canadian Ceramics 1957, Royal Ontario Museum, Toronto, and Musée des beaux-arts de Montréal

1958   World's Fair in Brussels

Canadian National Exhibition, Toronto, (first prize for most interesting glaze)

1959   **La Céramique contemporaine**, Musée des beaux-arts, Oostende, Belgium

1960   Here and Now Gallery, Toronto (group show)

1961   Canadian Ceramics 1961, Royal Ontario Museum, Toronto, and Musée des beaux-arts de Montréal

Eighth International Exhibition of Ceramic Art, Smithsonian Institution, Washington, D.C.

Kjeld and Erica Deichmann Exhibition of Stoneware and Porcelain, University of New Brunswick Art Centre

1962   Agnes Etherington Art Centre, Kingston, Ontario

Claycrafters Workshop at Stewart Hall, Pointe-Claire, Quebec (demonstration workshop)

London Museum, London, Ontario

Céramique internationale exhibition in Prague, Czechoslovakia

Twenty-Sixth International Arts and Crafts Exhibition, Florence, Italy

1963   Canadian Ceramics 1963 - Céramiques canadiennes '63, Musée des beaux-arts de Montréal and Canadian Guild of Potters Gallery, Toronto

1985   **Modernism in the Maritimes: The Deichmanns, 1930-1960,** 20th Century Gallery, Toronto

Expositions et démonstrations auxquelles ont participé les Deichmann

1937 Exposition internationale de Paris

1938 Exposition de Glasgow

1939 Exposition internationale de New York

Sportsmen's Show de New York, au Grand Central Palace, participant pour le Nouveau-Brunswick

1940 Art in Action Show, Fredericton (Nouveau-Brunswick)

Toronto Art Gallery

Foire de l'île Sainte-Hélène, Montréal

1946 Exposition de la Canadian Guild of Potters à l'Art Gallery of Toronto

1947 Exposition nationale canadienne, Toronto

1949 Exposition nationale canadienne, Toronto (quatre premiers prix, notamment meilleurs exposants et meilleure glaçure de l'exposition)

1951 Exposition nationale canadienne, Toronto (premier prix de poterie)

1952 Syracuse (New York)

Rockefeller Center, New York (démonstration)

1953 Exposition d'artisanat canadien à l'Art Gallery of Toronto

1955 **Twenty Years of Ceramics : Retrospective of Deichmann Pottery**, Le Musée du Nouveau-Brunswick

Canadian Ceramics 1955, Royal Ontario Museum, Toronto

1956 Exposition du 50ᵉ anniversaire de la Corporation canadienne de l'artisanat, Montréal (premier prix pour la poterie)

1957 Première exposition nationale de métiers d'art, Galerie nationale du Canada, Ottawa

Canadian Ceramics 1957, Royal Ontario Museum, Toronto et Musée des beaux-arts de Montréal

1958 Exposition internationale de Bruxelles

Exposition nationale canadienne, Toronto (premier prix pour la glaçure la plus intéressante)

1959 **La Céramique contemporaine**, Musée des beaux-arts, Ostende, Belgique

1960 Here and Now Gallery, Toronto (participation à une exposition de groupe)

1961 Canadian Ceramics 1961, Royal Ontario Museum, Toronto et Musée des beaux-arts de Montréal

Huitième exposition internationale de l'art de la céramique, Smithsonian Institution, Washington, D.C.

Exposition de grès et de porcelaines de Kjeld et Erica Deichmann, Centre d'art de l'université du Nouveau-Brunswick

1962 Agnes Etherington Art Centre, Kingston (Ontario)

Atelier d'artisans travaillant l'argile au Stewart Hall, Pointe-Claire (Québec) (atelier de démonstration)

London Museum, London (Ontario)

Céramique internationale, exposition à Prague, Tchécoslovaquie

Vingt-sixième exposition internationale d'art et artisanat, Florence, Italie

1963 Canadian Ceramics 1963 - Céramiques canadiennes '63, Musée des beaux-arts de Montréal et Canadian Guild of Potters Gallery, Toronto

1985 **Modernism in the Maritimes: The Deichmanns, 1930-1960,** 20th Century Gallery, Toronto

Events Relevant to the Deichmanns' Careers

1906　The Canadian Handicrafts Guild is established in Montréal.

1915　The first formal classes in ceramics are held in Canada at the Central Technical School in Toronto.

1920　Bernard Leach arrives in England from Japan bringing with him an Eastern aesthetic, technical and philosophical approach to Western ceramics.

1925　Jan van Beck rises to prominence as a ceramist teacher in Germany. One of his students, Sibyl Laubental, will move to Canada in 1952 to teach ceramics.

1930　A renowned painter of china, Alice Mary Hagen of Nova Scotia, starts making her own pottery at the age of 60.

1932　**Erica and Kjeld settle at Moss Glen on the Kingston Peninsula of New Brunswick. They discover clay on their property.**

The Quebec Department of Agriculture includes ceramics in its programme. This is the first time in Canada that government aid is given to handicraft pottery.

1933　**Kjeld and Erica spend a year studying pottery and weaving in their native Denmark.**

After studying in Europe, Pierre Normandeau opens a ceramics department at the Montréal School of Fine Arts in 1936.

1934　**The Deichmanns return to New Brunswick in the spring.**

1935　**The Deichmanns' first firing in a hand-built kiln marks the beginning of Dykelands Pottery.**

Luke Lindoe of Alberta enrols in one of the early courses in ceramics at the Southern Alberta Institute of Technology.

1936　The Canadian Guild of Potters is established in Toronto by 12 people including Bailey Leslie and Nunzia D'Angelo.

In November, the Deichmanns become members of the Canadian Guild of Potters.

1937　L. Maholy-Nagy establishes The "New Bauhaus" School in Chicago, with a programme emphasizing the crafts of weaving, woodworking and ceramics.

Some of the Deichmanns' work is exhibited at the World's Fair in Paris.

1938　**The Deichmanns exhibit work at the Glasgow Exhibition, Scotland.**

The Nova Scotia Department of Education sponsors a summer course to train schoolteachers in ceramics.

1939　**The Deichmanns exhibit at the World's Fair in New York City and at Grand Central Palace, also in New York City.**

The first major Canadian crafts exhibition, the Saint Helen's Island Fair, is held in Montréal.

The Banff School of Fine Arts offers its first course in ceramics.

Molly Satterley manages to make a living as a potter in Toronto.

The American Handcraft Council is established.

1940　**The Deichmanns exhibit at the Art Gallery of Toronto; demonstrate at the Art in Action show in Fredericton; and exhibit and demonstrate at the Saint Helen's Island Fair, Montréal.**

Bernard Leach's *A Potter's Book* is published. It becomes an important standard reference work for potters.

1941　"The Peasant Potters of Beauce" programme is sponsored by the Quebec Department of Agriculture. To ease off-season unemployment problems on farms, people are given training in carpentry, drawing and pottery.

The exhibition, **Contemporary Ceramics of the Western Hemisphere**, is held at the Syracuse Museum of Fine Art.

1943　Nova Scotia inaugurates a Handcraft Program. By 1945 it includes a "craftsman at work" exhibition, which tours annually. By 1955 it includes courses and a crafts showroom in Halifax.

1944　**The Deichmanns begin a long and continuous correspondence with Bernard Leach.**

Ernst and Alma Lorenzen begin making pottery in Dieppe, New Brunswick. From 1948 on, they are able to make a living. In 1949 they move to Nova Scotia where they remain.

Evelyn Charles is an active and important figure in the ceramics community in Ontario.

1946　**The Deichmanns exhibit at the Art Gallery of Toronto with the Canadian Guild of Potters.**

1947　The New Brunswick Guild of Craftsmen is formed.

The Deichmanns exhibit at the Canadian National Exhibition [C.N.E.] in Toronto.

Luke Lindoe begins teaching pottery in Alberta. In the early 1950s he opens the first commercial ceramics studio in Alberta.

Molly Satterley of Toronto submits work to the American National Exhibition of Ceramics and is selected for the permanent collection of the Syracuse Museum of Fine Arts.

1948 The Potters' Club of Montréal is founded.

1949 **The Deichmanns exhibit at the C.N.E. in Toronto.**

British Columbia begins holding annual ceramics exhibitions under the sponsorship of the Federation of Canadian Artists.

1950 La Centrale d'artisanat du Québec is established in Montréal, dedicated to bringing together Quebec's finest craftspeople and making their work known in Canada, Europe and the United States.

The Canadian Guild of Potters begins an annual two-day ceramics workshop in Toronto. Bernard Leach is the first distinguished instructor.

A group known as "The Five Potters" establish themselves on the Ontario pottery scene in the early 1950s and into the 1960s. Based in Toronto, the members are Bailey Leslie, Mayta Markson, Marion Lewis, Annette Zakuta and Dorothy Midanik.

1951 **The Deichmanns make a submission to the Royal Commission on National Development in the Arts, Letters and Sciences (the Massey Commission) on the state of crafts in Canada.**

The Deichmanns exhibit at the C.N.E. in Toronto.

1952 **The Deichmanns exhibit at Syracuse and demonstrate at the Rockefeller Center in New York City.**

Sibyl Laubental emigrates from Germany and settles in Alberta to teach pottery.

An international conference of potters and weavers takes place at Dartington Hall, England.

An exhibition, **Five Thousand Years of Art in Clay**, is held in Los Angeles.

1953 **The Deichmanns exhibit at the Canadian Crafts Exhibition at the Art Gallery of Toronto (now the Art Gallery of Ontario).**

From 1953 to 1968, Adolph and Louise Schwenk were active professional potters based in the Penticton area of British Columbia.

1954 Axel Ebring, a well-known potter from Vernon, British Columbia, dies.

1955 Twenty Years of Ceramics: A Retrospective of Deichmann Pottery **is held at the New Brunswick Museum.**

1956 Sibyl Laubental is the first Canadian to win a prize at The Ceramic National Competition at Syracuse, New York (held at the Syracuse Museum of Fine Art).

The American Crafts Education Council (later called the A.C.C.) establishes a Museum of Contemporary Crafts in New York City.

The Deichmanns move from Moss Glen to Sussex, New Brunswick.

The Deichmanns win first prize for pottery at the Fiftieth Anniversary Exhibition of the Canadian Handicrafts Guild, Montréal.

An exhibit of Picasso ceramics tours the United States, opening up to potters and the public a wider realm of what ceramics can be.

1957 The First National Fine Crafts exhibition is held at the National Gallery in Ottawa. From this exhibit, 31 pieces were chosen for exhibit at the Canadian Pavilion at the World's Fair in Brussels, 1958.

The Deichmanns exhibit at the National Fine Crafts Exhibition.

In the United States, Peter Voukos begins applying the principles of abstract expressionism to clay.

1958 **The World's Fair is held in Brussels, and the Deichmanns exhibit there.**

The Deichmanns win first prize for "Most Interesting Glaze" at the Canadian National Exhibition at Toronto.

1959 **The Deichmanns exhibit in** La Céramique contemporaine **at the Musée des beaux-arts, Oostende, Belgium.**

1960 **Kjeld Deichmann is given the very first senior award by the Canada Council. This allows Kjeld and Erica to travel to Europe for a year to visit workshops, archaeological sites and museums.**

1961 **Canada is the "featured country" at the Eighth International Exhibition of Ceramic Art at the Smithsonian Institution in Washington, D.C. The Deichmanns exhibit there.**

Kjeld and Erica Deichmann Exhibition of Stoneware and Porcelain **is held at the University of New Brunswick Art Centre.**

1962 **The** Céramique internationale **exhibition is held in Prague, Czechoslovakia. Twenty-one Canadian potters are featured, including the Deichmanns.**

**The Deichmanns exhibit at:
-the Twenty-Sixth International Arts and Crafts Exhibition in Florence, Italy
-the Agnes Etherington Arts Centre, Kingston, Ontario
-the London Museum, London, Ontario
-and they exhibit and demonstrate at the Claycrafters Workshop at Pointe-Claire, Quebec.**

1963 **Kjeld dies; Erica closes the pottery.**

1966- **The Canadian Fine Crafts/Artisanat Canadien** exhibition is held at the
1967 National Gallery of Canada. It is the first comprehensive national exhibition of handcrafts.

1974 The tenth-anniversary Conference of the World Crafts Council is held in Toronto. Toronto also hosts the first **World's Crafts Exhibition** at the Ontario Science Centre.

Événements reliés à la carrière des Deichmann

1906 — Fondation de la Canadian Handicrafts Guild à Montréal.

1915 — La Central Technical School de Toronto offre les premiers cours structurés de céramique au Canada.

1920 — Bernard Leach arrive en Angleterre en provenance du Japon; il en rapporte une approche esthétique, technique et philosophique dont il enrichit l'art occidental de la céramique.

1925 — Jan van Beck acquiert une grande renommée comme professeur de céramique en Allemagne. Une de ses élèves, Sybil Laubental, viendra s'établir au Canada en 1952 pour y enseigner cet art.

1930 — Alice Mary Hagen, de Nouvelle-Écosse, artiste renommée dans la décoration de porcelaine, commence à faire sa propre poterie à l'âge de 60 ans.

1932 — **Erica et Kjeld s'installent à Moss Glen, dans la péninsule de Kingston, au Nouveau-Brunswick. Ils découvrent de l'argile sur leur propriété.**

Le ministère de l'Agriculture du Québec inscrit la céramique à son programmme. C'est la première fois, au Canada, qu'on accorde une aide gouvernementale à la poterie artisanale.

1933 — **Kjeld et Erica passent une année dans leur Danemark natal à étudier la poterie et le tissage.**

Après des études en Europe, Pierre Normandeau ouvre, en 1936, un département de céramique à l'École des beaux-arts de Montréal.

1934 — **Les Deichmann retournent au Nouveau-Brunswick au printemps.**

1935 — **La première cuisson réalisée par les Deichmann dans un four artisanal marque le début de la poterie Dykelands.**

L'Albertain Luke Lindoe s'inscrit à un des premiers cours de céramique au Southern Alberta Institute of Technology.

1936 — La Canadian Guild of Potters est créée à Toronto; Bailey Leslie et Nunzia d'Angelo comptent parmi ses douze membres fondateurs.

En novembre, les Deichmann adhèrent à la Canadian Guild of Potters.

1937 — L. Maholy-Nagy fonde la «New Bauhaus» School à Chicago. Cette école accorde une grande importance au tissage, au travail du bois et à la céramique dans son programme.

Les Deichmann montrent quelques-unes de leurs œuvres à l'Exposition internationale de Paris.

1938 — **Les Deichmann présentent certaines de leurs œuvres à l'Exposition de Glasgow, en Écosse.**

Le ministère de l'Éducation de la Nouvelle-Écosse commandite un cours d'été visant à initier des enseignants à la céramique.

1939 — **Les Deichmann exposent, à New York, à la Foire internationale et au Grand Central Palace.**

La Foire de l'île Sainte-Hélène, la première grande exposition d'artisanat canadien, se tient à Montréal.

La Banff School of Fine Arts offre ses premiers cours de céramique.

Molly Satterley réussit à gagner sa vie en faisant de la poterie à Toronto.

Fondation de l'American Handcraft Council.

1940 — **Les Deichmann exposent à l'Art Gallery of Toronto; ils font des démonstrations à l'Art in Action Show, à Fredericton; ils exposent et font des démonstrations à la Foire de l'île Sainte-Hélène, à Montréal.**

Publication de *A Potter's Book*, de Bernard Leach. Ce livre devient un ouvrage de référence pour les potiers.

1941 — Le ministère de l'Agriculture du Québec commandite le programme des «Agriculteurs potiers de la Beauce». Pour remédier aux problèmes que pose le chômage en saison morte sur les fermes, on forme les gens à la menuiserie, au dessin et à la poterie.

L'exposition **Contemporary Ceramics of the Western Hemisphere** se tient au Syracuse Museum of Fine Art.

1941 — La Nouvelle-Écosse inaugure un programme d'artisanat. Dès 1945, on monte une exposition itinérante annuelle sur «l'artisan à l'œuvre». En 1955, on dispense des cours à Halifax et on y ouvre une salle d'exposition.

1944 — **Les Deichmann commencent une longue correspondance suivie avec Bernard Leach.**

Ernst et Alma Lorenzen commencent à faire de la poterie à Dieppe, au Nouveau-Brunswick. À partir de 1948, ils parviennent à en vivre. En 1949, ils s'installent définitivement en Nouvelle-Écosse.

Evelyn Charles joue un rôle important au sein de la communauté des céramistes ontariens.

1946 — **Les Deichmann participent à une exposition de la Canadian Guild of Potters à l'Art Gallery of Toronto.**

1947 — Fondation de la New Brunswick Guild of Crafstmen.

Les Deichmann participent à l'Exposition nationale canadienne, à Toronto.

Luke Lindoe commence à enseigner la poterie en Alberta. Au début des années 1950, il ouvre le premier atelier commercial de céramique en Alberta.

Molly Satterley, de Toronto, propose de ses œuvres à l'American National Exhibition of Ceramics; certaines d'entre elles sont sélectionnées pour figurer dans la collection permanente du Syracuse Museum of Fine Art.

1948 — Fondation du Club des potiers de Montréal.

1949 **Les Deichmann participent à l'Exposition nationale canadienne, à Toronto.**

En Colombie-Britannique, première exposition annuelle de céramique commanditée par la Fédération des artistes canadiens.

1950 Fondation, à Montréal, de la Centrale d'artisanat du Québec qui se donne pour mission de réunir les meilleurs artisans d'art du Québec et de faire connaître leurs œuvres au Canada, en Europe et aux États-Unis.

La Canadian Guild of Potters tient son premier atelier annuel de céramique, d'une durée de deux jours, à Toronto. Bernard Leach en est le premier animateur émérite.

Un groupe connu sous le nom de «The Five Potters» s'impose dans les milieux ontariens de la poterie au début des années 1950 et sa renommée se prolonge jusque pendant les années 1960. Ce groupe, établi à Toronto, se compose de Bailey Leslie, Mayta Markson, Marion Lewis, Annette Zakuta et Dorothy Midanik.

1951 **Les Deichmann présentent un mémoire à la Commission royale d'enquête sur l'avancement des arts, lettres et sciences au Canada (Commission Massey) sur la situation de l'artisanat au Canada.**

Les Deichmann participent à l'Exposition nationale canadienne, à Toronto.

1952 **Les Deichmann exposent à Syracuse et font des démonstrations au Rockefeller Center à New York.**

Sibyl Laubental émigre d'Allemagne et s'installe en Alberta pour y enseigner la poterie.

Un congrès international réunissant des potiers et des tisserands se tient à Dartington Hall, en Angleterre.

L'exposition **Five Thousand Years of Art in Clay** a lieu à Los Angeles.

1953 **Les Deichmann participent à l'exposition d'artisanat canadien à l'Art Gallery of Toronto (maintenant l'Art Gallery of Ontario).**

De 1953 à 1968, Adolph et Louise Schwenk travaillent activement comme potiers professionnels dans la région de Penticton, en Colombie-Britannique.

1954 Mort d'Axel Ebring, potier renommé de Vernon, en Colombie-Britannique.

1955 L'exposition **Twenty Years of Ceramics: A Retrospective of Deichmann Pottery** se tient au **Musée du Nouveau-Brunswick.**

1956 Sibyl Laubental est la première Canadienne à gagner un prix au Concours national de céramique de Syracuse (N. Y.), tenu au Syracuse Museum of Fine Art.

L'American Crafts Education Council (désigné plus loin sous le sigle A.C.C.) fonde le Museum of Contemporary Art, à New York.

Les Deichmann quittent Moss Glen pour s'installer à Sussex (Nouveau-Brunswick).

Les Deichmann remportent le premier prix de poterie à l'exposition marquant le cinquantième anniversaire de la Corporation canadienne de l'artisanat, à Montréal.

Une exposition itinérante de céramiques de Picasso, aux États-Unis, élargit les horizons des potiers et du public quant à l'utilisation artistique de la céramique.

1957 La première exposition nationale des métiers d'art se tient à la Galerie nationale du Canada, à Ottawa. Trente et une des pièces exposées sont choisies pour être présentées au pavillon canadien de la Foire internationale de Bruxelles, en 1958.

Les Deichmann participent à la première exposition nationale des métiers d'art.

Aux États-Unis, Peter Voukos commence à appliquer les principes de l'expressionnisme au travail de la glaise.

1958 **Les Deichmann participent à l'Exposition internationale de Bruxelles.**

Les Deichmann obtiennent le premier prix pour «La glaçure la plus intéressante» à l'Exposition nationale canadienne, à Toronto.

1959 **Les Deichmann participent à l'exposition** La Céramique contemporaine, **au Musée des beaux-arts d'Ostende, en Belgique.**

1960 **Le Conseil des arts du Canada décerne son tout premier Grand prix à Kjeld Deichmann. Ce prix permet à Kjeld et à Erica de séjourner une année en Europe pour y visiter des ateliers, des sites archéologiques et des musées.**

1961 La huitième exposition internationale de l'art de la céramique, tenue à la Smithsonian Institution de Washington, met en évidence la production canadienne. Les Deichmann y participent.

Exposition de grès et de porcelaines de Kjeld et Erica Deichmann au Centre d'art de l'université du Nouveau-Brunswick.

1962 L'exposition Céramique internationale **se tient à Prague, en Tchécoslovaquie. Vingt et un potiers canadiens, dont les Deichmann, y participent.**

On peut admirer des œuvres des Deichmann aux endroits suivants :
-Vingt-sixième exposition internationale d'art et d'artisanat à Florence, en Italie;
-Agnes Etherington Arts Centre, à Kingston (Ontario);
-London Museum, London (Ontario);
- et ils exposent et font des démonstrations à l'Atelier des artisans de l'argile de Pointe-Claire (Québec).

1963 **Décès de Kjeld. Erica ferme l'atelier de poterie.**

1966-1967 L'exposition **Canadian Fine Crafts/Artisanat canadien** se tient à la Galerie nationale du Canada. Il s'agit de la première exposition nationale portant sur toutes les formes d'artisanat.

1974 La conférence marquant le dixième anniversaire du Conseil mondial de l'artisanat se tient à Toronto. Cette ville accueille également la première exposition mondiale d'artisanat au Centre des sciences de l'Ontario.

References to the Deichmanns / Au sujet des Deichmann

Publications

1938   MCANN, Aida. "Creative Living at Moss Glen, N.B." *The Maritime Advocate and Busy East*, Vol. XXVIII, No. 6 (January 1938):22-23, 26.

1939   BUFF, Ray. "Graphic Account of New Brunswick Exhibit at Sportsmen's Show in New York." *The Maritime Advocate and Busy East* (1939):21.

1941   *New World*, Vol. II, No. 3 (May 1941):18-20.

1942-43   DEICHMANN, Kjeld and Erica. "Experiments in Pottery." *Maritime Art*, Vol. III, No. 2 (December-January, 1942-43).

1943   GIBBON, J. Murray. "Canadian Handicrafts Old and New" *Canadian Geographical Journal*, Vol. XXVI, No. 3 (March 1943):137-140.

1944   HOME, Ruth M. "Pottery in Canada." *Canadian Geographical Journal*, Vol. XXVIII, No. 2 (February 1944):73-75.

1945   DAVISON, M. "Canadian Pottery." *World Views*, Vol. I, No. 1 (1945):25-27.

1946   DAYE, Vera L. "Deichmann Pottery." *World Views* (November 10, 1946):356.

1947   "New Brunswick Artists." *Mayfair* (July 1947): 48-49.

1948   HARRINGTON, Lyn. "Claybake on the Kennebecasis." *National Home Monthly*, (January 1948):5, 20.

       TAUTON, Margaret. "The Potter's Wheel Turns in Canada." *Echoes*, No. 191, (Summer 1948):6-7.

early 1950s   NEW BRUNSWICK GOVERNMENT Bureau of Information and Tourist Travel, "Handicrafts of New Brunswick." *New Brunswick Canada* (early 1950s):52.

       New Brunswick Canada-Motourland, New Brunswick Travel Bureau: (early 1950s):15,18.

1951   "New Brunswick Master Potters." *Imperial Oil Review*, Vol. XXXV, No. 1, (February-March 1951):14-18.

       DICKASON, Tony. "Clay to Culture." *The Daily Gleaner* [Fredericton] Magazine Section (November 2, 1951):9.

1953   "Karsh's Saint John." *Maclean's* magazine (January 15, 1953):14-15.

       MACCALLUM SWEET, Jean. "Creative Hands", *Canadian Geographical Journal*, Vol XLVI, No. 3 (March 1953):122-126.

       "New Brunswick Master Potters." *Canadian Nature* (cover story) (March-April 1953):66-70.

1956   "Canadian Potters Prosper." *Woman Today* (August 22, 1956):6.

post-1956   LINTON, Harry. *"Pat" Van Housen's Happy Motoring*, Vol. 17, No. 5 (after 1956):1,2.

1960   ROBINSON, Cyril, and Bert BEAVER. *Weekend Magazine*, Vol. 10, No. 31 (1960):12, 13.

1962   GOODMAN, Joyce. "Claycrafters Open Season–Noted N.B. Potters at Pointe-Claire." *Montreal Star* (September 29, 1962):58.

       "Ambassador From Denmark Visitor to Sussex." *The Kings Country Record*, Sussex, N.B.: (June 21, 1962):1,8.

       RYNASKO, Elizabeth. "Let's Talk." *The Kingston Whig-Standard* (April 10, 1962).

       FORSEY, Joan. "Experiments, Study Help Potters." *Montreal Gazette* (1962).

1963   ROULSTON, E.N. "Kjeld Deichmann." *Handcrafts* (July 1963):5.

1973   PERCIVAL, Robert. "In Honour of Benefaction and Tenacity." *Museum Memo* (New Brunswick Museum), Vol. V, No. 2, (June 1973):2-3.

1986   HICKEY, Gloria. "Modernism in the Maritimes: The Deichmanns 1930-1960" review of exhibit at 20th Century Gallery, Toronto, 8 October–2 November, 1985, *Arts Atlantic*, Vol. 25, (Spring 1986):2.

1988   THOMAS, Peter. "One Voice—Erica and Kjeld Deichmann." *Arts Atlantic 30*, Vol. VIII, No. 2 (Winter 1988):26-29.

1989   LEONARD, Mark. "Editorial Comment." *Craft New Brunswick/Artisanat du Nouveau-Brunswick* (1989-90):1.

       STANLEY, Ruth L. "Craft and Responsibility." *Craft New Brunswick/Artisanat du Nouveau-Brunswick* (1989-90):5.

       LEONARD, Mark."Kjeld and Erica, Pioneers in Their Fields." *Craft New Brunswick/Artisanat du Nouveau-Brunswick* (1989-90):16-21.

1990   PECK, Mary Biggar. "The Story of Deichmann Art Pottery." *Atlantic Showcase* (June 1990):19-22.

Films

Eye Witness No. 39, "Old Art, New Mould" National Film of Board of Canada/ Office national du film du Canada, 1952.

The Story of Peter and the Potter, National Film Board of Canada/Office national du film du Canada, 1953.

Skilled Fingers/Du bout des doigts, "Pleasure in Pots/Un ménage de potiers," National Film Board of Canada/Office national du film du Canada, 1961.

Crafts of My Province/Les artisans du Nouveau-Brunswick, National Film Board of Canada/Office national du film du Canada, 1964.

Sound Recordings
Enregistrements sonores en anglais

FRY, George and/et Peter Thomas. "The Deichmanns." Interview with Erica Deichmann-Gregg, Summer 1985. Collection of Fry and Thomas, Fredericton./ Entrevue avec Erica Deichmann-Gregg, été 1985. Collection de Fry et Thomas, Fredericton.

LEONARD, Mark. Interview with Erica Deichmann-Gregg on the collection of ceramics acquired by the Canadian Museum of Civilization, November 29, 1989. CCFCS Archives./Entrevue avec Erica Deichmann-Gregg sur la collection de céramiques réunie pour le Musée canadien des civilisations, le 29 novembre 1989. Archives du CCECT.

LEONARD, Mark. Interview with Erica Deichmann-Gregg on the collection of miniature ceramics acquired by the Canadian Museum of Civilization, September 15, 1990. CCFCS Archives./Entrevue avec Erica Deichmann-Gregg sur la collection de céramiques réunie pour le Musée canadien des civilisations, le 15 septembre 1990. Archives du CCECT.

About the Author / Notice sur l'auteur

Stephen Inglis currently directs the Canadian Centre for Folk Culture Studies of the Canadian Museum of Civilization. He has specialized in the study of artists and their communities since receiving his doctorate from the University of British Columbia, awarded for his research with rural potter-priests in South India. Since joining the Museum in 1984, Dr. Inglis has researched exhibitions and published articles on craft traditions and folk art, and has guided the development of the Museum's collection of contemporary fine crafts.

Stephen Inglis dirige présentement le Centre canadien d'études sur la culture traditionnelle au Musée canadien des civilisations. Après avoir obtenu un doctorat de l'université de la Colombie-Britannique, décerné pour une recherche sur les prêtres-potiers en milieu rural dans le sud de l'Inde, il se spécialise dans l'étude des artistes et de leur milieu de vie. Depuis son arrivée au Musée en 1984, Stephen Inglis a fait des recherches pour des expositions et publié des articles sur les traditions des métiers d'art et sur l'art populaire. En outre, il a guidé le Musée dans l'acquisition de sa collection des métiers d'art contemporains.